MONSEIGNEUR JAGER

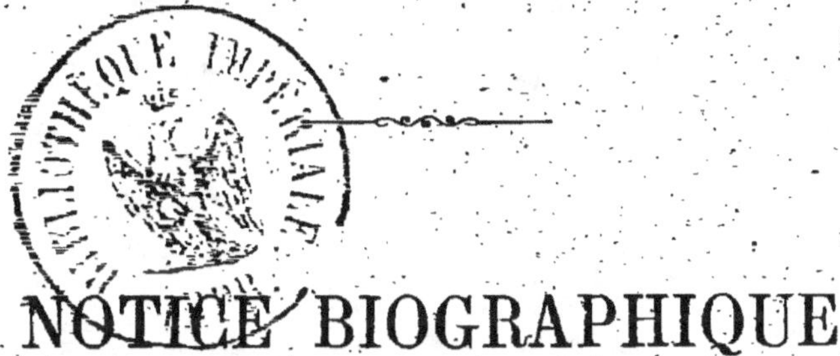

NOTICE BIOGRAPHIQUE

PAR

M. l'abbé J.-E. DARRAS

CHANOINE HONORAIRE D'AJACCIO ET DE NANCY

PARIS

CHARLES DOUNIOL, LIBRAIRE-ÉDITEUR

29, RUE DE TOURNON, 29

1868

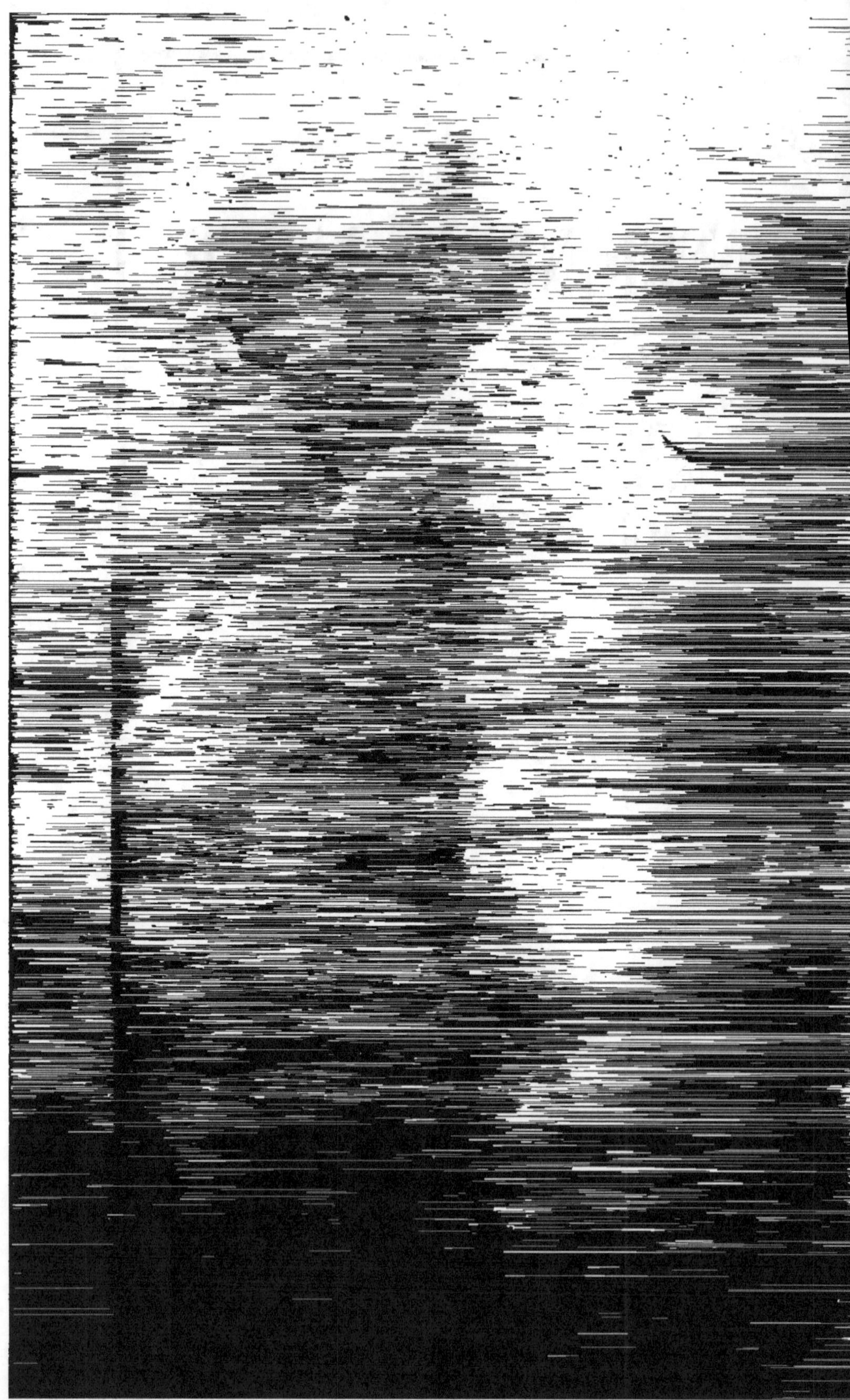

MONSEIGNEUR JAGER

NOTICE BIOGRAPHIQUE

Le 17 juin 1790, dans une humble demeure du hameau de Grening, au bailliage de Sarreguemines, comme on disait alors, une jeune épouse connaissait pour la première fois les angoisses et les délices de la maternité. Elle donnait le jour à un fils qui était présenté, une heure après sa naissance, à l'église du village pour y recevoir, avec le baptême, les noms chrétiens de Jean-Nicolas qu'il devait noblement porter. La pieuse mère, de concert avec son époux Jean Jager, avait promis à Dieu et à l'autel ce fils premier né. Un vœu pareil était vraiment héroïque, à cette époque où la France en délire renversait les autels et se flattait de détrôner Dieu comme elle décapitait les rois. Qui dira ce qu'il y a de triomphant et d'invincible dans la prière et la foi des âmes chrétiennes? La révolution et toutes ses fureurs n'entamèrent pas la généreuse résolution des deux époux. L'église du hameau fut profanée, le prêtre (1) qui avait baptisé Jean-Nicolas Jager fut arraché à son troupeau, les registres de

---

(1) M. l'abbé Schifferer (Jean-Michel), vicaire d'Insming, résidant à Grening.

catholicité furent transportés au district de création nouvelle ;
l'acte de naissance remplaça celui du baptême : la république
ne voulait plus de chrétiens, mais des citoyens. Le bailliage de
Sarreguemines cessa d'exister ; la circonscription territoriale
elle-même fut bouleversée ; Grening, avec sa modeste popu-
lation de quatre cents âmes, avait jusque là relevé sous un
titre vicarial de la paroisse d'Insming ; paroisse et vicariat
furent supprimés ; Insming appartint au nouveau département de la Meurthe, Grening à celui de la Moselle. Mais le
Dieu qu'on chassait de ses temples trouvait un asile inviola-
ble dans le cœur des fidèles. Pendant qu'on dressait l'échafaud contre les prêtres, il y avait des mères qui pressaient
sur leur cœur leurs tendres enfants et leur disaient tout bas :
Mon fils, tu seras prêtre ! Catherine Baro, la mère de Jean-
Nicolas Jager, appartenait à la race de ces vaillantes chrétiennes. Trois autres enfants, deux filles et un garçon vinrent
successivement prendre place au pauvre foyer. Le travail
du père, béni par le Père qui est aux cieux, suffit en ces
années à donner à la famille le pain de chaque jour. Jean
Jager faisait des souliers pour les soldats de la levée en
masse qui allaient combattre les Prussiens. Le soir, quand
les portes et les fenêtres étaient closes, quand la lumière même, qui eut pu trahir au dehors un acte de foi
domestique, était éteinte, la famille à genoux priait pour la
France désolée, pour les victimes de la tourmente révolution-
naire, pour le retour de la religion, de l'ordre et de l'honneur
national.

Ce fut dans un tel milieu que Jean-Nicolas Jager passa ses
premières années. Son caractère se manifesta tout d'abord
par une nuance de gravité sérieuse qui contrastait avec son
jeune âge. Sa mère lui apprit à lire et fut son premier caté-
chiste ; il s'essayait à comprendre le latin dans un livre
d'heures. C'étaient là, si l'on veut, des germes d'une vocation intellectuelle ; mais le hameau de Grening offrait trop
peu de ressources pour les développer. A douze ans, l'enfant

était le premier de son école et le magister n'avait plus rien
à lui apprendre. Les temps étaient changés, le règne de la
gloire succédait à celui du crime. Le concordat venait de
rétablir le culte et les autels. La France ressentait quelque
chose d'analogue à la joie des apôtres après la résurrection.
Les souvenirs des mauvais jours, les traces de sang, les
ruines des sanctuaires, tout cela était la pierre du sépulcre
soulevée par la triomphante apparition de l'homme-Dieu.
Il y eut alors dans toutes les provinces de notre patrie
un mouvement d'allégresse incomparable. De tous les
points du monde revenaient, comme autrefois à Jérusalem, les proscrits de la foi, les confesseurs, les évêques, les prêtres. Les nouveaux diocèses établis en
France par l'autorité du siége apostolique recevaient
des titulaires légitimes. A Metz, Mgr Bienaimé ; à Nancy,
Mgr d'Osmond relevaient les pierres éparses du sanc-
tuaire. Tout était à reconstruire à la fois, parmi tant de
débris sanglants. Dix années de lacune dans l'éducation religieuse de tout un peuple avaient fait de la France un pays
de mission, auquel il fallait le baptême d'abord, puis des
institutions capables de sauvegarder l'avenir. Plus d'ordres
religieux, plus de monastères disséminés sur les divers points
du sol pour y assurer les bienfaits de l'éducation aux enfants
du peuple. Plus de séminaires pour éprouver et mûrir les
vocations sacerdotales. Partout des paroisses désolées de-
mandant des prêtres, et partout les prêtres faisant défaut ;
car la Terreur avait fauché les deux tiers de ta tribu léviti-
que. La paroisse d'Insming, incorporée au nouveau diocèse
de Nancy, fut l'une des agglomérations privilégiées qui reçu-
rent des premières pour curé l'un des rares vétérans du sacerdoce, le vénérable abbé Lacombe, dont la mémoire est encore
en bénédiction dans les vallées de la Sarre. Moins favorisée,
la petite chrétienté de Grening n'eut pas un tel bonheur. Le
diocèse de Metz avait trois cents autres localités plus importantes à pourvoir.

Cependant à Insming, M. l'abbé Lacombe, avec un zèle et un dévouement admirables, convertissait son presbytère en une maison d'éducation où il recevait gratuitement les enfants pauvres. Le nouveau gouvernement n'avait reconnu d'existence légale qu'aux grands séminaires. C'était commencer l'œuvre par la fin. En ouvrant les cours de théologie, il eût fallu se préoccuper de leur préparer des voies et moyens de recrutement. Ce que le gouvernement ne fit pas, l'initiative particulière le réalisa. En attendant que les diocèses pussent, à force de sacrifices, ériger un petit séminaire, les curés des communes se firent professeurs, et ajoutèrent aux sollicitudes d'un ministère, déjà surchargé par la réunion de plusieurs paroisses, le dur fardeau de l'enseignement. Certes ! le clergé de France qui avait tenu si longtemps le sceptre de la science, de la littérature et des arts, ce clergé, dont les titres de gloire remontaient à saint Irénée, en passant par saint Bernard, pour s'immortaliser dans les noms de Bossuet, Fénelon, Massillon, Fléchier, Bourdaloue, ce clergé eut mérité autre chose que de voir ses bibliothèques éparpillées, vendues à l'encan, ses parchemins, ses manuscrits précieux distribués aux fabriques de gargousses. Mais il en était ainsi. Plus radicale que la persécution de Julien l'Apostat, plus sanglante que celle de Néron et de Dioclétien, la Révolution française ne laissa au clergé de France que son Bréviaire. Ce Bréviaire était l'*instrumentum regni* avec lequel il s'agissait de reconquérir la royauté des intelligences. L'élève de l'école de Grening, le fils des époux Jager, devait être l'un des anneaux de cette chaîne intellectuelle destinée à rattacher la science à la foi. Le hameau natal n'était séparé d'Insming que par une distance d'environ trois kilomètres. L'échoppe de Grening fut vendue ; la pieuse famille se transporta dans une pauvre maison d'Insming, où le père reprit son labeur quotidien, et où le fils aîné put suivre les leçons de M. l'abbé Lacombe.

Ce fut le dernier sacrifice que la Providence exigea de la

pieuse mère. A partir de ce jour, Jean-Nicolas Jager se chargea lui-même d'aplanir tous les obstacles. Ses progrès furent si rapides qu'en 1809 il obtenait le diplôme de bachelier ès-lettres. Cette pièce, signée du grand maître de l'Université impériale, M. de Fontanes, et délivrée au nom de « Napoléon, empereur des Français, roi d'Italie, protecteur de la Confédération du Rhin, » porte la date du 29 septembre 1809 (1). Le vainqueur des Pyramides et de Marengo s'était taillé un empire qui égalait celui de Charlemagne, et qui fut peut-être la récompense providentielle des services rendus à la religion ; mais il n'avait pas tardé à tourner contre le Pape une puissance que le Pape avait sacrée.

---

(1) UNIVERSITÉ IMPÉRIALE.

DIPLOME DE BACHELIER ÈS-LETTRES.

Au nom de Napoléon, empereur des Français, roi d'Italie et protecteur de la Confédération du Rhin.

Nous, Louis de Fontanes, grand maître de l'Université impériale, comte de l'empire,

Vu l'article 1er du décret impérial du 9 avril 1809, portant que, pour être admis dans les séminaires, les élèves devront justifier qu'ils ont reçu le grade de bachelier dans la faculté des lettres, et l'article 19 du décret du 18 mars 1808, portant que, pour être admis à l'examen dudit baccalauréat, il faudra être âgé au moins de seize ans, et répondre sur tout ce qu'on enseigne dans les hautes classes des lycées ;

Vu la délibération du conseil de l'Université du 23 juin 1809 sur les formes à suivre pour donner le grade de bachelier aux jeunes gens destinés à l'état ecclésiassique, dans les arrondissements académiques où il n'y a point encore de Facultés des lettres établies.

Sur le certificat d'aptitude délivré au sieur Jager (Jean-Nicolas), né à Grening, etc.

Donnons, par ces présentes, audit sieur Jager, le grade de bachelier ès-lettres, pour en jouir avec les droits et prérogatives qui y sont attachés par les lois, décrets et règlements, tant dans l'ordre civil que dans l'ordre des fonctions de l'Université.

Fait au chef-lieu et sous le sceau de l'Université, à Paris, le vingt-neuf septembre mil huit cent neuf.

<table>
<tr><td>Le chancelier,</td><td>Le grand maître,</td></tr>
<tr><td>Signé : VILLARET.</td><td>Signé : FONTANES.</td></tr>
</table>

En 1809 Pie VII était captif à Savone ; les membres du Sacré-Collége avaient été dispersés sur toutes les routes de l'exil ; Rome était le chef-lieu d'un département français, en attendant qu'elle devînt la capitale nominale d'un enfant qui ne régna jamais. La persécution contre l'Église n'avait plus les formes ni le caractère sanglant du régime de la Terreur, mais elle n'était guère moins funeste, lorsque le jeune bachelier de Grening recevait la tonsure et les ordres mineurs de la main de Mgr d'Osmond dans la cathédrale de Nancy. Napoléon prétendait gouverner l'Église comme un pays de conquête ; la législation canonique le gênait, lui qui détruisait les vieilles monarchies de l'Europe à coups de canon ; il ne comprenait pas qu'il y eût au monde d'autre loi que la sienne. Pour le moment, il lui plaisait tout particulièrement que le mariage chrétien ne fût pas indissoluble. En prévision du besoin qu'il pourrait en avoir un jour, il avait introduit dans son code le titre du divorce. Le moment d'en user était venu. Une fille des Césars devait remplacer pour lui la compagne de ses premières et glorieuses années et devenir la mère d'une dynastie d'empereurs. Un *non possumus* apostolique, tombé des lèvres d'un vieillard assis sur le siége de saint Pierre, était une digue en apparence bien faible pour arrêter ce flot d'ambition toute puissante et de colossale grandeur. L'univers fit silence, attentif à la lutte qui s'engageait entre l'aigle et l'agneau, entre l'épée et la tiare, entre le vainqueur de l'Europe et le père de la catholicité. L'aigle impériale enleva dans ses serres l'agneau de Dieu ; elle l'emporta d'exil en exil ; mais ce fardeau si léger usa toutes les forces de l'aigle. Chose singulière ! En attaquant si brutalement l'Église dans son chef, Napoléon prétendait maintenir sur ses peuples l'autorité de l'Église. Excommunié par le Pape, il cherchait et trouvait des cardinaux et des évêques pour lui administrer à lui-même les sacrements. Il cherchait et trouvait des prêtres qui voulussent tenir de lui une nomination épiscopale qu'on espérait faire ratifier un jour et valider par l'institution canonique du souverain Pontife. Le génie, la gloire, la puissance ont des rayonnements qui fascinent les consciences. Ces sortes d'éblouissements ne furent pas plus rares à l'époque de Napoléon, qu'ils ne l'avaient été sous Louis XIV.

Mgr d'Osmond accepta la nomination impériale qui le transférait du siége de Nancy à l'archevêché de Florence (1810). Il quitta la primatie de l'antique Lorraine pour aller s'asseoir aux bords de l'Arno, sur la chaire archiépiscopale de saint Antonin. Le diocèse de Nancy se trouvait dans une situation des plus difficiles. Le séminaire comptait alors parmi ses élèves, avec Jean-Nicolas Jager, le futur historien de l'Église, M. l'abbé Rohrbacher. Les événements étaient féconds en enseignements de la plus sérieuse gravité. Le siége apostolique, ruiné dans ses fondements, laissait un vide dont tous les regards pouvaient mesurer l'immensité. Ainsi qu'il arrive d'ordinaire au temps des grandes commotions sociales, les jeunes gens, désintéressés personnellement dans les questions de l'époque, les jugeaient plus sainement que leurs maîtres. Officiellement, la doctrine des quatre articles de 1682 était triomphante. Au nom des libertés de l'Église gallicane, on s'efforçait de justifier la captivité du chef de l'Église et la servitude du clergé gallican. Mais la contradiction était par trop flagrante. D'instinct et comme par une intuition de l'avenir, les deux condisciples, Jager et Rohrbacher, se promirent, si jamais ils en avaient l'occasion, de rétablir dans sa plénitude le dogme catholique de la primauté du siége de saint Pierre, et de rompre définitivement avec les tendances à demi-schismatiques de l'ancienne Sorbonne.

Vraisemblablement on aurait paru fort déraisonnable, si l'on eût dit à tous les hommes officiels qui se courbaient, en 1810, sous le joug de la nécessité, qu'il y avait à Nancy deux acolytes ignorés et obscurs, lesquels, dans leur cellule de séminaire, reprenaient silencieusement l'étude du passé, gémissaient sur le présent, et se réservaient pour un meilleur avenir. La primatiale de la Lorraine avait reçu dans ses murs un prêtre décoré des titres pompeux de baron de l'empire, évêque nommé de Nancy, administrateur épiscopal du siége. Il s'appelait Benoît Costaz, et venait recueillir un héritage dont le Père de famille ne l'avait point investi. A Dieu ne plaise que nous affections de nous montrer sévères vis-à-vis de ces défaillances d'un autre âge! Dieu les a jugées. Néanmoins le biographe a le droit de dire que le rôle de la résistance eût été plus honorable mille fois que celui de l'obéissance passive. A travers tant de périls et d'obstacles, le vœu d'une mère chrétienne devait s'accomplir. Les deux condisciples, Rohrbacher et Jager, furent successivement admis aux ordres majeurs. Benoît Costaz, tout baron qu'il fût, n'était cependant qu'un simple prêtre. Son titre d'administrateur épiscopal, combiné avec celui d'évêque nommé, était une usurpation sacrilége, formellement interdite par le IVe canon du XIVe concile œcuménique, tenu à Lyon, en 1274 (1). Ce IVe canon tint en échec tous les intrus du premier empire; mais, on n'osait pas le lire à l'empereur lui-même. Napoléon ne se piquait

---

(1) Voici le texte vraiment prophétique, inspiré par l'Esprit-Saint, et formulé dans ce concile : « Avaritiæ cœcitas et damnandæ ambitionis » improbitas, aliquorum animos occupantes, eos in illam temeritatem » impellunt, ut quæ sibi a jure interdicta noverint, exquisitis frau» dibus usurpare conentur. Nonnulli siquidem ad regimen ecclesia» rum electi, quia eis jure prohibente non licet, se, ante confirma» tionem electionis celebratæ de ipsis, administrationi ecclesiarum ad » quas vocantur, ingerere, ipsam sibi tanquam procuratoribus seu » œconomis committi procurant. Cum itaque non sit malitiis homi» num indulgendum, *nos latius providere volentes*, hac generali cons» titutione sancimus : ut nullus de cætero administrationem dignitatis » ad quam electus est, priusquam celebrata de ipso electio confirmetur, » sub œconomatus, vel procurationis nomine, aut alio de novo quæsito » colore, in spiritualibus vel temporalibus, per se vel per alium, pro» parte vel in totum, gerere vel recipere, aut illis se immiscere præ» sumat. Omnes illos qui secus fecerint, jure, si quod eis per elec» tionem quæsitum fuerit, decernentes eo ipso privatos.» (Labbe. Collect. Concil., Tom. XI, pars. I, pag. 979-980).

pas d'érudition théologique, et franchement il avait raison. Son mot à l'abbé Emery fait regretter qu'aucun des évêques courtisans qui suivaient son char n'ait eu le courage de lui dire la vérité, car, en somme, le génie et la vérité sont essentiellement faits l'un pour l'autre.

Toujours est-il que les évêques nommés par l'empereur restèrent de simples prêtres et n'obtinrent nulle part l'ordination épiscopale. Cette soumission à l'autorité d'un Pape captif honorera à jamais l'Église de France.

Il n'entre pas dans notre sujet de raconter les divers incidents qui marquèrent les quatre années de la résidence de M. Benoît Costaz à Nancy. L'anxiété des consciences catholiques était grande. La Providence, toutefois, veillait à la perpétuité du sacerdoce légitime au sein des diocèses de France. Les ordinations furent conférées aux jeunes clercs par des évêques appelés du dehors, à la prière même des administrateurs impériaux. C'est ainsi que Jean-Nicolas Jager reçut le sous-diaconat, le diaconat et la prêtrise dans les deux années 1812 et 1813, des mains de Mgr Claude André, ancien évêque de Quimper, et chanoine du Chapitre impérial de Saint-Denis. Le fils de Catherine Baro et du modeste cordonnier de Grening était prêtre. Le vœu des pieux parents était accompli. Le caractère de Jean-Nicolas Jager s'était empreint, durant les dernières années de ses études théologiques, d'un nouveau degré de force virile, d'angélique douceur, de gravité studieuse et modeste, d'invincible fidélité à Dieu, à l'Église et aux âmes. Il s'était tellement distingué parmi ses condisciples que M. Benoît Costaz avait conçu l'idée de l'attacher à son administration. Il lui donna le titre de pro-secrétaire de l'évêché, et ce fut en cette qualité que le nouveau prêtre contre-signa lui-même ses lettres d'ordination sacerdotale (1). Mais ce fut à peu près le seul acte officiel

____

(1) Voici la teneur de ces lettres :

« Benedictus Costaz, nominatus ad episcopatum Nanceiensem, ejus-

qu'il consentit à exercer. Il n'usa de la bienveillance dont il était l'objet, de la part de l'administrateur épiscopal, que pour solliciter la faveur d'en être oublié. L'abbé Rohrbacher, prêtre depuis deux ans, avait pris à Insming la direction du collége ecclésiastique fondé par M. Lacombe. Dans cette modeste position, il commençait à attirer sur son talent et ses vertus une admiration qui ne devait cesser de grandir. Il fut appelé sur un théâtre plus vaste et envoyé comme vicaire à Lunéville. M. Jager, son ami, lui fut donné pour successeur au collége d'Insming. En dépit du proverbe si souvent vérifié : *Nemo propheta in patria sua*, le jeune prêtre fut entouré, dans ce village, où il avait passé sa première enfance, des sympathies les plus respectueuses et les plus vives. Aujourd'hui encore, un des anciens élèves d'Insming, nous retrace avec un souvenir ému l'éloge de ses anciens maîtres : « J'ai eu le bonheur, dit M. l'abbé Houpert, d'avoir
» successivement pour supérieurs ces deux admirables prê-
» tres, M. Rohrbacher et M. Jager. Tous deux ont depuis
» inscrit leur nom parmi ceux des plus doctes apologistes
» de l'Église ; mais le monde qui connaît leurs talents ignore
» peut-être l'éminence de leurs vertus sacerdotales. Ce m'est
» une tâche bien douce de leur rendre un dernier hommage

---

demque diœcesis administrator episcopalis, imperii baro ; notum facimus universis quod die datæ præsentium, de nostra licentia, illustrissimus ac reverendissimus D. D. Claudius André, olim episcopus Corisopitensis, canonicus insignis ecclesiæ Sancti Dionysii prope Parisios, Missam et sacros generales ordines in pontificalibus, in capella seminarii diœcesani celebrans, dilectum nobis in Christo magistrum Joannem Nicolaum Jager, diaconum Nanceiensem quoad interstitia a nobis et quoad ætatem auctoritate Summi Pontificis dispensatum, ad sacrum presbyteratus ordinem rite et canonice duxerit promovendum et promoverit. Datum Nanceii, sub signo sigilloque nostris, ac secretarii episcopatus subscriptione, anno Domini millesimo octingentesimo decimo tertio, die mensis aprilis tertia.

   » B. **Costaz**.   *De mandato :*

             » **Jager**,

             » **Pro sec.** »

» de reconnaissance. C'est à eux que je dois ma vocation
» et le bonheur de toute une vie consacrée au service des
» autels (1). »

Il a fallu, en effet, que la mort vînt briser les retranche-
ments derrière lesquels l'humilité de M. Jager abrita toute
sa vie pour que nous eussions la manifestation complète de
sa valeur intellectuelle, scientifique et sacerdotale. Autant la
plupart des hommes déploient d'efforts pour se surfaire eux-
mêmes dans l'opinion publique, autant celui qui devait être
Mgr Jager dépensa de pieuse industrie pour se laisser ignorer. La plupart de nos lecteurs s'étonneront sans doute d'apprendre que ce véritable savant laisse une œuvre qui égale
la matière de près de vingt volumes in-octavo, sans y comprendre sa dernière révision et continuation de l'histoire
de l'*Église catholique en France*. Nous-même nous l'igno-
rions absolument, et nous avons éprouvé un sentiment de
vénération profonde à la vue de tant de labeurs accomplis
pour Dieu et le salut des âmes, sans aucun souci d'amour-
propre ou de gloire personnelle. L'existence de M. l'abbé Jager
fut aussi remplie, aussi studieuse, aussi féconde que celle
d'un bénédictin. Personne n'eut l'air de s'en douter, parmi
ses contemporains : personne surtout ne songea à l'en récompenser, jusqu'au jour où la main rémunératrice de Pie IX
daigna couronner les cheveux blancs du pieux défenseur de
l'Église. Ceux qui ont vécu dans l'intimité de M. l'abbé Jager racontent des merveilles de sa passion pour l'étude. Il y
consacrait seize et dix-huit heures par jour. Véritable pion-
nier de la science, rien ne fut étranger à ses méditations. Il
eut la singulière fortune d'ouvrir presque toutes les voies
où l'érudition ecclésiastique s'est engagée depuis ; d'être un
précurseur sur le chemin des idées, et d'être méconnu par
la plupart de ses continuateurs.

---

(1) Lettre de M. l'abbé Houpert, aumônier de l'hospice de Sainte-
Anne d'Alberstroff (Meurthe), membre de l'Institut historique de
France.

A Insming, il réalisait un problème dont notre époque cherche encore maintenant la solution. Sans bruit de réclames, sans subvention ministérielle, départementale ou communale, il distribuait aux enfants du peuple une éducation solidement scientifique et chrétienne. Jamais il ne songea à séparer l'un de l'autre ces deux éléments indissolublement unis : la foi et la science. Les tentatives contraires aboutiront à des désastres, et feront de l'instruction même le plus grand fléau social de l'avenir. Intelligence essentiellement pratique, l'abbé Jager avait mesuré tout d'abord les conséquences terribles d'un enseignement répandu à profusion dans les masses, sans le contrepoids ou le frein d'une morale religieuse. Il comparait les écoles matérialistes, grandes ou petites, à autant de dépôts de poudre dont la garde serait confiée à des hallucinés. « Il ne faudra, disait-il, qu'un instant de folie pour faire éclater la société comme une poudrière qui saute. » Telles étaient, à vingt-trois ans, les préoccupations du jeune prêtre qui consacrait à l'enseignement populaire les prémices de son zèle sacerdotal. Le succès de sa mission dépassa toutes les espérances. Le bourg d'Insming devint trop étroit pour son activité féconde. En 1816, il créait, dans la cité de Vic, une institution analogue à celle d'Insming, et lui imprimait une vitalité qui n'est pas près de s'éteindre (1).

---

(1) Voici une attestation délivrée le 16 mars 1854, par M. Mayeur, maire de Vic :

« Nous, maire de la ville de Vic, arrondissement de Château-Salins, département de la Meurthe, certifions comme un fait de notoriété publique que M. l'abbé Jager a fondé dans cette ville et dirigé pendant deux ans, de 1816 à 1818, une école secondaire qui existe encore, ayant fourni un grand nombre de sujets distingués à toutes les carrières.

» En foi de quoi nous avons délivré le présent.

» En mairie, à Vic, le seize mars mil huit cent cinquante-quatre.

» *Le maire,*

« P. **MAYEUR.** »

L'élève de l'abbé Lacombe rendait ainsi au centuple le bienfait de l'instruction gratuite qu'il avait reçu lui-même des mains de l'Église. Par quel miracle de dévouement, de charité et d'abnégation, ce prêtre, qui n'avait rien que sa foi, pourvoyait-il aux lourdes charges d'une pareille fondation? M. l'abbé Jager ne l'a jamais dit. Nous ne saurions même pas l'existence de cette œuvre de sa jeunesse, si, plus tard, des amis dévoués n'eussent réuni, à son insu, les états de service qui recommandaient son nom à la reconnaissance du pays. De 1816 à 1818, l'abbé Jager, fier du titre modeste de *maître de pension à Vic,* concentrait toute l'énergie de ses rares facultés aux obscurs et pénibles travaux d'un instituteur élémentaire. Nous avons sous les yeux une *Grammaire française* qu'il publia à cette époque. Dans la préface de cette œuvre, l'humble instituteur s'exprime ainsi : « Lhomond a exposé avec une brièveté admirable les premiers principes de la langue française ; il a étudié le caractère des enfants et il a saisi le seul langage qui convienne à leur faiblesse. Sa grammaire est un vrai chef-d'œuvre de simplicité ; il en a écarté tous les raisonnements abstraits, qui ne sont propres qu'à fatiguer l'intelligence et à inspirer du dégoût pour l'étude. Cependant, toute parfaite qu'elle soit, elle ne peut être utile qu'aux commençants ; elle est insuffisante pour les élèves plus avancés qui doivent étudier à fond l'une des langues les plus difficiles de l'Europe. Chargé depuis plusieurs années de l'instruction publique, j'ai dicté successivement à mes élèves un supplément à cette grammaire. Je me fais un devoir de l'offrir aujourd'hui aux jeunes gens qui se destinent à l'étude. J'ai résumé les travaux des meilleurs grammairiens modernes et je crois avoir réuni tout ce qu'ils ont dit d'essentiel. Imitateur de Lhomond, j'ai cherché à en avoir la précision et la clarté dans l'énoncé des principes : c'est à l'habileté du maître à leur donner les développements dont ils sont susceptibles. Tel élève a moins de conception qu'un autre : le maître, qui connaît la portée de son intelligence, sait mieux que personne prendre le style convenable pour lui faire comprendre les leçons qu'il lui donne (1). »

La spéculation a multiplié depuis ces sortes d'ouvrages élémentaires : celui de M. Jager est demeuré comme un modèle d'exactitude, de simplicité et d'utilité pratique. En 1818, Royer-Collard était président de la commission d'instruction publique. Il distingua le jeune prêtre de Vic, et par un arrêté du 14 septembre de cette année, le nomma principal du collége de Phalsbourg. Pendant les dernières années de l'Empire, au milieu des commotions sociales, des bouleversements politiques et des invasions étrangères, le collége de Phalsbourg avait perdu son antique splendeur. Le nouveau titulaire y eut bientôt rétabli l'ordre, la discipline, en même temps que l'amour de l'étude et le progrès dans la science. Rien ne paraissait devoir enlever le principal de Phalsbourg à cette carrière si fructueuse et si méritoire de l'enseignement, lorsqu'en 1820, le cardinal grand aumônier de France, Mgr de Croy, fit appel à son zèle sacerdotal pour un apostolat nouveau et plus difficile encore. Il s'agissait de rétablir l'institution des aumôniers de régiment, et de la faire accepter par une armée qui, depuis un quart de siècle, toujours fidèle aux principes de l'honneur militaire, avait plus servi le drapeau de la gloire qu'elle n'avait songé à celui de Dieu. L'abbé Jager reçut d'abord le titre d'aumônier du 9ᵉ régiment d'infanterie de ligne, en résidence à Phalsbourg. On avait eu l'idée de rendre ces charges sédentaires, et d'attacher un aumônier fixe à la résidence de chaque garnison. Bientôt on

---

(1) Supplément à la grammaire française de Lhomond, précédé de cette même grammaire, ou abrégé complet de la grammaire française à l'usage des colléges et des séminaires, par l'abbé Jager, maître de pension à Vic. — Vic, imprimerie de R. Gabriel, 1818, avec cette épigraphe :

> « Quidquid præcipies, esto brevis ; ut cito dicta
> » Percipiant animi dociles, teneantque fideles.
> » Omne supervacuum pleno de pectore manat.
>
> « HORAT. »

abandonna ce plan défectueux. Entre le prêtre et le soldat il y a une alliance naturelle, une sorte d'affinité morale. Les répugnances qu'on pouvait craindre ne furent pas de longue durée, et bientôt chaque régiment tint à honneur de conserver toujours son aumônier. En 1823, le 9ᵉ de ligne fit partie de l'expédition d'Espagne et fut employé au siége de Pampelune. Un dimanche, l'autel avait été dressé non loin des avant-postes, et l'aumônier commença la célébration des saints mystères. Du haut des remparts de la ville assiégée, on avait remarqué le groupe des soldats français debout autour de l'autel. Une batterie de canons fut dirigée sur ce point, et bientôt les boulets, les obus et les grenades le couvrirent d'une pluie de fer et de feu. Un mouvement de retraite fut ordonné aussitôt et les troupes se replièrent. Seul, l'aumônier demeura à son poste d'honneur : il acheva le sacrifice de propitiation et de paix au milieu d'une grêle de projectiles enflammés. C'était l'abbé Jager. Revenu au campement, il se vit entouré par les soldats qui lui pressaient les mains et par les officiers qui l'embrassaient. « Eh bien quoi? » leur dit-il, vous allez tous les jours à la tranchée, et vous » ne reculez pas. Est-il donc si étonnant qu'un prêtre fasse » une fois pour son Dieu ce que des milliers d'hommes font » chaque jour pour leur souverain? »

Fabert, le compatriote de l'abbé Jager, n'eût pas désavoué une pareille réponse. Ce n'était pas le seul trait qu'il y eût de commun entre ces deux hommes. Ils avaient tous deux, chacun dans sa sphère, avec la même modestie et le même héroïsme, le même amour pour la littérature. L'abbé Jager, en partant pour l'Espagne, avait emporté parmi son modeste bagage d'aumônier une petite édition des chefs-d'œuvres de Démosthène et d'Eschine. « En passant à Paris pour y rece- » voir mes instructions, disait-il plus tard, je songeais qu'il » m'adviendrait de m'ennuyer dans l'oisiveté de la tente, » au bruit du canon, et parmi le mouvement des grand'- » gardes. Sur le quai, je trouvai un vieux petit volume de

» Démosthène en caractères grecs archaïques. J'avais toujours
» passionnément aimé le grec. J'achetai le bouquin, le mis
» dans ma poche et lui fis faire la campagne de 1823. » C'est
ainsi qu'il parlait à quelques amis. Mais en réalité il se faisait scrupule de cette innocente passion du grec à laquelle
il avait sacrifié alors, et nous verrons bientôt comment il mit
au service de l'Église la science qui faisait de lui un des hel-
lénistes les plus distingués de son temps. L'aumônier du 9ᵉ
régiment de ligne traduisit sous la tente les chefs-d'œuvre
d'Eschine et de Démosthène. Cette version parut en France
à la même époque que celle d'un éminent professeur ; comme
élégance, l'œuvre de M. Stiévenard était peut-être supérieure,
mais comme exactitude celle de l'aumônier, composée sans
le secours d'aucun commentateur, sans même la ressource
d'une grammaire ou d'un dictionnaire, partagea le suffrage
des savants ; elle devint classique (1), fut adoptée pour les
colléges, eut des éditions sans nombre. Elle obtint même les
honneurs de la contrefaçon, et une piquante brochure de
M. Damas-Hinard, nous a conservé des révélations curieuses
sur ce point (2). L'abbé Jager avait un sentiment profond de
l'éloquence et du grand style. Nourri des chefs-d'œuvre de
la littérature ancienne, il aimait cette moelle des lions. Il
avait coutume de dire que les trois discours les mieux écrits
en grec, en latin et en français étaient le Discours pour la
Couronne, de Démosthène : l'*Oratio pro Milone*, de Cicéron ;
et le sermon sur l'Unité de l'Eglise, de Bossuet. A Bilbao, où
le corps expéditionnaire était concentré, la nouvelle de la mort
de Louis XVIII fut apportée aux troupes victorieuses. L'aumônier du 9ᵉ de ligne fut chargé de prononcer l'oraison fu-

---

(1) Cette traduction fut publiée dans la *Bibliothèque classique grecque
française* de Poilleux, sous le titre de : *Œuvres de Démosthène*, par Jager,
ancien professeur de l'Université.

(2) Damas-Hinard. *Harangues d'Eschine et de Démosthène sur la Couronne*, traduites par M. A. Plougoulm, avocat. Paris, 1834, imprimerie
de Fournier. Broch. de 23 pages in-8°.

nèbre du roi, dans la solennité militaire qui fut célébrée avec grande pompe. Ce discours eut les honneurs de l'impression. Nous n'en avons pas retrouvé d'exemplaire; mais nous avons sous les yeux une lettre du cardinal de Croy, qui adressa directement ses félicitations au jeune orateur (1).

En 1825, à son retour d'Espagne, M. Jager fut nommé chapelain des Invalides. Il avait conçu l'idée de compléter, à l'aide des manuscrits et des textes des pères grecs, l'édition des *Septante*, publiée autrefois par ordre de Sixte-Quint. Un pareil projet supposait à lui seul une immense érudition et des miracles de patience. Le laborieux aumônier des Invalides entreprit cette tâche avec une indomptable énergie. Il possédait à fond la langue allemande et avait suivi tout le mouvement intellectuel des universités de la Germanie. Nul ne s'en préoccupait alors en France. De ce côté encore, l'abbé Jager devança ses contemporains d'un demi siècle. Le protestantisme lettré avait porté la lutte sur le terrain théologique. Les pères de l'Église, pendant les cinq premiers siècles, s'étaient servis de la version du Testament Ancien d'après les Septante, et de celle dite d'Alexandrie pour le Nouveau Testament. Il s'agissait de restituer dans leur ensemble ces deux monuments primitifs du texte sacré afin de pouvoir affirmer scientifiquement de la fidélité de la Vulgate et de justifier l'adoption qu'en a faite l'Église catholique. On ne saura probablement jamais ce qu'une œuvre aussi gigantesque coûta de recherches à son auteur. Il était d'une discrétion telle que ses amis les plus intimes connaissent à peine aujourd'hui cette particularité. Au sortir de son cabinet de travail, il semblait oublier lui-même l'objet de ses préoccupations savantes, et nul ne se doutait, à la sérénité de son front et à la douce

---

(1) Ce fut pendant le séjour de l'abbé Jager en Espagne que sa vénérable mère, retirée chez sa fille, Mme Chatelain, dont le mari dirigeait le collège de Château-Salins, rendit son âme à Dieu, au mois d'avril 1823.

gaîté de ses conversations du soir, qu'il eût passé la journée à feuilleter les in-folios des pères grecs pour y noter toutes les citations de l'Écriture, les conférer avec le texte de Sixte-Quint et toutes les annotations des scholiastes. M. Tischendorff publia vers ce temps chez Koehler, à Leipsig, les premiers fascicules du *Nouveau Testament* grec, d'après la version d'Alexandrie. Il eut l'occasion de rencontrer, à la bibliothèque de Paris, le prêtre français qui poursuivait obscurément l'étude des manuscrits grecs qu'il venait lui-même consulter dans le même but du fond de l'Allemagne. Il admira son érudition, en parla avec enthousiasme. Ce fut ainsi que Mgr Frayssinous apprit la valeur jusqu'alors ignorée du modeste prêtre. Il se promettait de le tirer de son obscurité studieuse ; mais une révolution survint. La chute d'une monarchie, l'écroulement des trônes sous les pavés des barricades ne permettaient guère à la France de s'inquiéter d'un savant, surtout lorsque ce savant était prêtre. L'aumônier des Invalides dut fuir, comme les rois, devant les fureurs populaires. Il continua en silence son monument biblique et l'acheva avec une telle discrétion qu'après sa mort on n'a pas même retrouvé parmi ses papiers une trace de tant de recherches. Il avait tout brûlé. Héroïque vandalisme de modestie qu'il partagea avec un autre de ses amis, le savant et pieux M. Lehir, lequel aussi avait coutume de jeter au feu, après chacune de ses brillantes conférences, les notes dont il s'était servi !

Près de douze ans s'écoulèrent pour M. Jager dans cette laborieuse et ardente poursuite. Ce fut durant cet intervalle qu'il noua avec une chrétienne et noble famille une liaison qui ne devait finir qu'avec la vie. Entouré de la vénération de tous, le savant prêtre semblait toujours étonné des hommages dont il était l'objet. On se rappelle encore la naïveté aimable et vraiment paternelle avec laquelle, dans sa vieillesse, il se chargeait de cerfs-volants et d'autres jouets non moins difficiles à dissimuler, traversait tout Paris avec ce sin-

gulier attirail, sans songer au sourire qu'il provoquait sur
son chemin et arrivait à Marolles les mains pleines de ces
modestes présents qui faisaient tant d'heureux.

Un incident plus sérieux vint traverser cette période
de recueillement et de labeurs. Ici nous laissons la
parole à un témoin oculaire. « M. Jager rencontra un
jour dans un salon hospitalier un Anglais, de manières
distinguées, et dont la conversation se tournait de préférence sur les questions les plus élevées de la controverse
religieuse. La maîtresse de maison avait ménagé les pla-
ces à sa table de telle sorte que, pendant le dîner, l'Anglais
se trouva voisin du prêtre. La froideur britannique fut vain-
cue par la bonhomie savante et modeste du pieux convive.
Chacune des objections du protestant amenait une réponse
aussi polie dans la forme que péremptoire dans le fond.
Que dites-vous de mon abbé? demanda le soir la maîtresse
de maison à l'étranger. — J'avoue, répondit-il, que je n'ai
rencontré nulle part tant de science unie à tant de simplicité. — Il sollicita et obtint sans peine la permission de revoir
en particulier celui dont la conversation l'avait captivé. Pendant le temps que l'étranger passa encore à Paris, il eut
avec M. l'abbé Jager des conférences dogmatiques dont tout
l'honneur resta au bon prêtre. Celui-ci s'étonnait bien un peu
de trouver tant de science théologique dans son interlocuteur.
Il le prenait pour un homme du monde, et ne savait point
son titre de docteur de l'université d'Oxford. De retour dans
sa patrie, l'inconnu écrivit à l'abbé Jager pour lui demander
de continuer la controverse par correspondance. Des règles
furent posées de part et d'autre : on devait numéroter chaque
lettre, en donner des accusés de réception ; observer pour les
solutions l'ordre dans lequel les questions auraient été posées;
constater chacun des principes qui seraient successivement
acquis à la discussion sans pouvoir les remettre plus tard en
doute. Les communications épistolaires prirent bientôt un
développement et une gravité extraordinaires. Les journaux

religieux d'outre-Manche et ceux de Paris reproduisirent les diverses phases de la polémique. Les lettres d'Angleterre ne portaient pour signature que des initiales. Celles de M. Jager présentaient seules le nom de leur auteur. Un jour, le modeste abbé fut mandé dans le cabinet de Mgr de Quélen. L'éminent prélat ne le connaissait que par sa traduction de Démosthène. Il pouvait avec quelque raison craindre qu'un helléniste consommé ne fut pas en même temps un théologien et un polémiste de premier ordre. « Savez-vous, demanda-t-il à l'abbé Jager, quels sont les adversaires que vous combattez en ce moment, de l'autre côte du détroit? — Non, Monseigneur.» L'archevêque lui apprit alors ce qu'était l'étranger qu'il avait rencontré six mois auparavant. «De retour en Angleterre, ajouta-t-il, ce docteur a fait appel aux facultés réunies d'Oxford et de Cambridge. Ces deux universités se préoccupent au plus haut point du débat théologique. Ainsi, mon cher abbé, vous avez affaire aux plus illustres champions de l'Église anglicane. Il serait peut-être prudent, de votre côté, de vous adjoindre une société de théologiens catholiques. — Bien volontiers, répondit M. Jager. Mais, franchement, pour une cause aussi lumineuse, et pour le triomphe d'une vérité éclatante comme le soleil, il me semble que nous n'avons pas besoin de tant d'apparat. Tout prêtre, avec l'aide de Dieu, peut confondre les savants réunis d'Oxford et de Cambridge.» Mgr de Quélen avait le discernement des hommes. Il ne prit point pour de la présomption ce qui était l'expression d'une conscience éclairée et sûre d'elle-même. Il prolongea à dessein la conversation, et fut étonné à son tour de trouver dans son interlocuteur une érudition patristique, scripturaire et théologique dont il ne s'était pas douté jusque-là. «En vérité, lui dit-il, vous êtes un concile vivant. Que Dieu bénisse vos efforts! mon cher abbé. Continuez votre œuvre. Nul n'est plus à même que vous de la mener à bien. » — On sait le reste. Pendant une année la controverse se prolongea avec une ardeur et une science qui furent couronnées du plus consolant succès. Sous les initiales dont les lettres anglaises étaient signées se cachaient des noms aujourd'hui bien connus du monde catholique. L'abbé Jager s'enveloppa plus que jamais d'un manteau d'humilité et de silence. On publia en un volume in-8° le recueil de cette correspondance si glorieuse pour lui. Il se refusa constamment à livrer à la curiosité des lecteurs le nom de ses antagonistes anglicans. Toute une édition française du livre fut enlevée en quelques mois. Il ne permit point d'en donner une seconde. « Ce n'est pas avec du bruit, ni des discussions, disait-il, c'est par la prière que l'œuvre de Dieu s'accomplit dans les âmes. » Les adversaires d'Oxford s'étaient arrêtés dans la controverse écrite. Mais la vérité religieuse, fécondée par la grâce divine, agissait sur leurs âmes, et dans les années suivantes, une glorieuse pléïade de docteurs, de ministres de la religion anglicane, de laïques illustres, consolèrent l'Église de Jésus-Christ par leur filial retour. De ce nombre fut le docteur Newman, l'un des deux principaux correspondants de l'abbé Jager.

Les honneurs que fuyait le modeste prêtre vinrent le chercher alors. Mgr de Forbin-Janson le nomma, en 1836, chanoine honoraire de la cathédrale de Nancy. En même temps, l'Académie des sciences, belles-lettres et arts de Lyon lui envoyait un diplôme de membre correspondant. Voici en quels termes M. Dumas, secrétaire perpétuel de cette société, lui notifiait sa nomination. « Je m'empresse de vous annoncer que, dans la séance d'hier, l'Académie de Lyon vous a placé au rang de ses correspondants. C'est un juste hommage rendu à vos talents, à votre vaste érudition, à votre mérite personnel; c'est un choix dont chacun de nous se félicite et s'honore. Je n'ai pas besoin de vous dire, Monsieur, avec quel vif intérêt seront toujours accueillis parmi nous vos travaux, vos ouvrages, vos communications savantes et littéraires. Nous en reconnaissons tous l'importance et le prix. Je me contente de vôus exprimer les sentiments de l'Académie et je vous prié de me permettre d'y joindre l'assurancé du respéct avec léquel je suis, etc. »

Peu de temps après, la Société *Foi et Lumière* de Nancy lui adressait un diplôme de membre honoraire, après une admission prononcée à l'unanimité des suffrages. La province natale était fière de couronner un de ses glorieux enfants.

C'étaient là pour l'humble abbé autant d'aiguillons qui le poussaient au travail. En 1836, il publiait son traité du *Célibat ecclésiastique*, véritable chef-d'œuvre d'érudition et de théologie (1). En 1839, paraissait chez Firmin Didot le premier volume in-4° du texte grec de l'Ancien Testament d'après la version des Septante. Voici comment l'auteur s'exprimait, dans la préface latine de cette œuvre dédiée à Mgr de Quélen (2) : « En donnant au public une nouvelle édi-

---

(1) Nous avons sous les yeux deux éditions successives de cet ouvrage, édité par MM. Gaume frères.

(2) De Septuaginta interpretum editione nova cogitanti, duplex mihi se obtulit consilium, quod spero te comprobaturum, Reverendissime Præsul : unum, ut ab oblivionis injuria vindicarem tam præclarum antiquitatis opus, jam ante Christi tempora tot laudum præconiis celëbratum, et posterioribus sæculis a Sixto V Pontifice maximo, pristinæ sinceritati restitutum, ad religionis gloriam, theologorum utilitatem, et totius orbis christiani profectum ; alterum ut pro meis viribus, vel potius, pro meâ mediocritate, aliquantillum conferrem ad sacrarum litterarum studia tot bellorum interturbata procellis, sed aliquando tandem nostratum cura et diligentia episcoporum, tuoque præcipue nutu, patrocinio, præsidiis, ornatissime Præsul, ita recreata, ut clero gallicano certa spes affulgeat ex eo suscitatum iri denuo semen virorum illorum, qui doctrinæ famâ et virtutum fragrantiâ non Galliam modo, sed orbem compleverunt universum. — Hi duo codices *Vaticanus* scilicet et Alexandrinus, ambo vetustissimi optimique et jam, ut omnes statuunt, ante S. Hieronymi tempora scripti, quâdam divina Providentia reservati videntur. Pene in omnibus mire consentiunt ; differunt tamen in quibusdam, sed generatim loquendo, unus alterum sustinet ac supplet. Nam ubi Vaticanus est mancus et mutilatus, Alexandrinus est ferè semper integer, et vice versâ, ita ut ex ambobus

tion des Septante, je me suis proposé un double but, qui aura,

Scriptura sacra integra et incorrupta, ut a S. Patribus legebatur excerpi possit : id quod, Deo adjuvante, perficere conati sumus. Ineunte ultimo sæculo acriter decertarunt viri docti uter utri antehabendus sit. Post multam disceptationem de qua ex utrâque parte innumera scripta extant, adhuc sub judice lis est. Hanc contentionem renovare nolumus, sed omnibus perpensis, nobis textus Sixtinus videtur ante ponendus, et ita sentiunt plerique eruditi. 1° Textum igitur Sixtinum codicis Vaticani, secundum editionem Romanam, verbatim ad litteram, cum ejusdem latina translatione, in quâ, cum verbum verbo reddatur, minus elegantia verbarum quam sensus spectari debet, cura diligentissima expressimus. 2° Nihil addendo, nihilque detrahendo, aut quicquam immutando, quosdam leves typographiæ errores aut librarii lapsus jam ab aliis viris doctis annotatos et ad solam grammaticam spectantes, ex aliorum codicum consensu passim emendavimus, sicut in scholiis notabitur. 3° Quæ vero in editione Romana ex codice Vaticano, priæ nimia vetustate, manca et mutilata exhibentur, in inferiori ora paginæ supplevimus ex codice Alexandrino, quem, ut nihil nos falleret, cum editione Romana de verbo ad verbum comparavimus. 4° Textum Sixtinum et ejusdem latinam translationem, nunc primum recte et accurate, versibus, ad collationem latinæ vulgatæ, distinximus; inversiones vero, quæ passim occurrunt in codice Vaticano, litteris alphabeticis indicavimus. Libros apocryphos in canone a Concilio Tridentino non admissos ad calcem operis reduximus. 5° Quo labore minus contenti, ulterius progressi sumus. Cum in animo haberemus Biblia edere integra, qua lia in nostra latina Vulgata exhibentur, supplevimus, ad instar hexaphorum Origenis, ea quæ in communi LXX interpretum versione desiderantur ac desiderari testantur ubique SS. Patres, quæ tamen in exemplaribus hebraïcis inveniuntur. Ideo multa excerpsimus ex scholiis Romanis, ex editione Complutensi et Aldina, ex fragmentis Aquilœ, Symmachi et Theodotionis, et ex plurimis codicibus editis et ineditis, qui in nostra regia Bibliotheca depositi conservantur, ut constabit ex scholiis et variantibus lectionibus; eaque pariter ad oram inferiorem paginæ, versiculis distincta, cum latina translatione apposuimus. Quæ quamvis non sunt de Septuaginta interpretum versione quam exhibent codices Vaticanus et Alexandrinus et quam ut genuinam, ut sanctam, canonicam, propheticam, divinam, ex omni parte a Deo inspiratam, SS. Patres publice ac privatim prœdicarunt, non ideo tamen contemnenda sunt, utpote quæ consentiunt cum nostra illa Vulgata quam concilium Tridentinum authenticam declaravit. Itaque, uti videre est, nihil intentatum reliquimus, ut nostra editio Scripturam sacram integram et incorruptam exhibeat, et gratias debemus A. Firmino Didot, litteratissimo typographo, qui nullam curam neglexit, nec ulli sumptui pepercit ut

je l'espère, l'approbation de Votre Grandeur. Il importait en premier lieu d'arracher à l'oubli ce monument illustre de l'antiquité, dont la gloire remonte au delà même de l'ère chrétienne, et que, plus récemment, Sixte-Quint avait songé à rétablir dans son intégrité primitive pour la gloire de la religion, l'utilité de la théologie et le progrès du catholicisme. En second lieu, dans la mesure de mes forces ou plutôt de ma médiocrité, après une tempête qui a si misérablement interrompu, au sein du clergé gallican, les traditions de science et d'études philologiques, j'ai voulu apporter ma pierre à l'œuvre de la reconstruction. J'ai voulu, sous vos auspices et sous votre patronage, renouer le passé à l'avenir et ressusciter l'espoir de cette génération d'érudits qui ont rempli de la bonne odeur de la doctrine et de la vertu, non-seulement les champs intellectuels de la Gaule, mais l'univers entier. — Les deux manuscrits qui ont servi de base à ce travail, celui du Vatican et celui d'Alexandrie actuellement déposé au British Museum, de l'aveu de tous les savants, sont antérieurs à l'époque de saint Jérôme. On dirait que la Providence les a tenus en réserve comme les témoins de la dernière heure. En général, leur concordance est merveilleuse, bien qu'ils présentent parfois dans le détail quelques légères variantes. En somme, ils se confirment et se suppléent l'un par l'autre. Les passages effacés ou mutilés par l'injure du temps dans le manuscrit de la Vaticane, se retrouvent d'ordinaire intacts dans celui d'Alexandrie, et réciproquement. C'est ainsi que le texte entier de l'Écriture, tel que le lisaient les saints Pères, a pu être recomposé. Avec l'aide de Dieu, je me suis

---

Romanum exemplar fidelissime ac nitidissime typis redderetur. Cujus laboris et impensæ neque nos neque illum profecto pænitebit, si ad sacrarum litterarum studia in seminariis conferre, et tam egregium antiquitatis opus e pulvere eruere potuerimus. Faveat nobis Deus ad cujus majorem gloriam hunc laborem suscipimus (Vetus Testamentum Grœcum juxta Septuaginta interpretes, curâ et studio J. N. Jager. T. I, praf., p. 1, 4, 5, 6.)

efforcé d'obtenir ce résultat complet. Au commencement du dix-septième siècle, une ardente controverse s'établit sur la question de savoir auquel de ces deux manuscrits il fallait accorder la préférence. On écrivit de part et d'autre des volumes à l'infini sans arriver à une solution. Nous n'avons nullement l'intention de rentrer dans ce débat. Tout bien considéré, il nous a paru que le texte de l'édition sixtine primait tous les autres. C'est d'ailleurs l'avis de la majorité des philologues. En conséquence : 1° Nous avons reproduit, avec la plus scrupuleuse exactitude, le texte du manuscrit du Vatican, de l'édition sixtine, avec la traduction latine littérale qui l'accompagne, en conservant la fidélité du mot à mot strict, bien plus soucieux de la reproduction du sens vrai que de l'élégance de la phrase. 2° Sans rien ajouter, retrancher, ni changer, quant au fond, nous avons corrigé, d'après l'autorité d'autres manuscrits, quelques passages défectueux, et fait disparaître les erreurs typographiquss ou les incorrections signalées d'ailleurs bien avant nous par tous les savants. Des notes avertissent le lecteur de chacune de ces modifications. 3° Nous avons suppléé au bas de nos pages les lacunes que la vétusté a produites dans le manuscrit du Vatican, d'après le texte parallèle de celui d'Alexandrie. Pour plus grande garantie d'exactitude, nous avons collationné *de verbo ad verbum* ces deux textes l'un avec l'autre, et nous ne croyons pas qu'il nous soit échappé une seule variante, si légère soit-elle. 4° Nous avons repris ce double travail de collation, en le confrontant avec la traduction latine de la Vulgate, et nous avons introduit la distinction par versets conformément à cette dernière, en distinguant par des lettres alphabétiques les inversions nombreuses qui se trouvent dans le texte correspondant du manuscrit du Vatican. Nous avons rejeté à la fin de l'ouvrage les livres apocryphes auxquels le concile de Trente a refusé la canonicité. 5° Non content de ces laborieuses investigations, nous avons été plus loin encore. Préoccupé avant tout de reproduire le monument biblique dans l'intégrité que nous offre la Vulgate latine, nous avons repris le plan d'Origène dans ses Hexaples. La version des Septante, d'après le témoignage de tous les saints Pères, présente des lacunes que les exemplaires hébreux permettent de réparer. Nous avons donc procédé à ce travail de réconstruction, à l'aide des Scholies du Vatican, des éditions d'Alcala et d'Alde-Manuce, des fragments d'Aquila, de Symmaque et de Théodotion, et d'un grand nombre de manuscrits, soit publiés, soit inédits, dont la bibliothèque royale conserve le précieux dépôt. Nous avons cité intégralement en note les passages ainsi retrouvés, en les distinguant par versets et en les accompagnant d'une traduction latine. Il est vrai que ces textes additionnels ne font point partie de la version vulgaire des Septante, telle que la reproduisent le manuscrit Alexandrin et celui du Vatican, ou telle que les saints Pères l'ont partout et toujours citée comme génuine, sainte, canonique, prophétique, divine, et de tout point inspirée. Mais ils n'en sont pas moins vénérables, parce qu'ils concordent avec notre Vulgate, déclarée authentique par le concile de Trente. Nous pouvons donc nous rendre le témoignage de n'avoir rien négligé pour offrir aux lecteurs une édition de la Sainte-Écriture aussi complète et aussi intègre que possible. Nous ne pouvons terminer cette préface sans exprimer toute notre reconnaissance à l'illustre et savant éditeur, M. Firmin Didot, lequel n'a reculé devant aucun sacrifice pour reproduire le texte avec un luxe typographique et une netteté admirables. Il ne regrettera pas plus que nous tant d'efforts et de dépenses, s'il nous est donné de voir l'étude des saintes lettres refleurir dans les séminaires, et la faveur publique accueillir cet insigne monument exhumé de la poussière des siècles. Puisse la bénédiction de Dieu s'attacher à un travail entrepris uniquement pour sa gloire !»

Au moment où paraissait le premier volume in-4°, renfermant tous les livres historiques de l'Ancien Testament,

Mgr de Quélen mourait. Le premier acte de son successeur fut de conférer à M. l'abbé Jager le titre de chanoine honoraire de la métropole de Paris. Jamais récompense ne fut mieux méritée. La publication des Septante marcha rapidement, et toute l'Europe savante félicita le modeste auteur. Le 6 mars 1841, le ministre de l'instruction publique, M. Villemain, lui adressait la lettre suivante : « J'ai l'honneur de vous annoncer que, sur la présentation de Mgr l'archevêque, je viens de prendre, sous la date du 1ᵉʳ mars, un arrêté qui vous confie la chaire d'histoire ecclésiastique à la Faculté de théologie de Paris. M. l'inspecteur général administrateur de l'Académie vous délivrera une copie de cet arrêté dont j'ai voulu vous donner directement communication. Je désire que vous puissiez commencer votre cours dans un délai très-rapproché. Les travaux si remarquables auxquels vous vous êtes livré jusqu'à ce jour, doivent vous rendre cette tâche facile. Je vous invite à vous concerter, à cet égard, avec M. l'abbé Glaire, que je viens d'appeler au décanat de la Faculté. Recevez, monsieur, etc. »

L'abbé Jager n'avait pas besoin d'une longue préparation en effet pour traiter un sujet que trente années d'étude lui avaient rendu familier. Abordant immédiatement la question d'histoire ecclésiastique par le côté social, il consacra la première année de son cours au redressement des erreurs et des préjugés contemporains. Il passa successivement en revue l'origine et l'emploi des richesses du clergé au moyen-âge ; le rôle de l'Église dans la formation des sociétés modernes ; son influence sur la littérature, les sciences et les arts ; l'influence des ordres religieux ; les moyens de coërcition spirituelle ; l'excommunication et la pénitence publique considérées au point de vue de la moralisation des masses. Nous détachons au hasard quelques-unes des savantes considérations auxquelles il se livrait, en présence d'un jeune et sympathique auditoire. « Elles vous paraissent dures, Messieurs, les prescriptions de la pénitence publique, disait-il.

Cette exposition aux portes des églises, ces jeûnes rigoureux de cinq, de sept, de dix ans, vous épouvantent. Peut-être seriez-vous tentés de crier au despotisme, à la tyrannie, à la cruauté de l'Église. Avant de juger, rappelez-vous que la plupart des hommes soumis à la pénitence publique étaient de grands coupables, pareils à ceux qui viennent aujourd'hui s'asseoir sur les bancs de nos cours d'assises, et que les tribunaux envoient à l'échafaud ou aux travaux forcés à perpétuité. Eh bien, Messieurs, vous avouerez qu'une pénitence de cinq, sept, et même dix ans, est moins rigoureuse que notre pénalité actuelle. Certains publicistes ont beaucoup parlé, dans ces derniers temps, de l'abolition de la peine de mort. Ils ne se doutent guères que sur ce point l'Eglise a réalisé, dans la mesure du possible, ce qu'ils n'obtiendront jamais sans elle. Il manque à nos publicistes deux choses : le secret de ramener le criminel à la vertu et de le rendre à la vie sociale sans danger pour la société ; puis le secret d'inspirer l'horreur du vice à ceux que l'exemple du criminel pourrait encourager au crime. Malgré leur industrie, malgré le progrès des lumières, les hommes d'État modernes n'ont plus ces deux grands secrets que possédait si éminemment l'Église ; c'est pourquoi la peine de mort est restée dans notre code pénal et probablement y restera longtemps encore. Les cérémonies lugubres de la pénitence publique, ses divers degrés, les humiliations, les austérités, les jeûnes qui l'accompagnaient, étaient autant d'épreuves étagées dans une proportion parallèle, comme durée et comme expiation, aux différents degrés de criminalité. Venait ensuite l'absolution solennelle prononcée annuellement, le jeudi saint, par l'évêque. Après quoi le pénitent, converti et absous, rentrait dans la société, mais non plus avec les mêmes priviléges qu'auparavant. Il était exclu de toutes les fonctions honorables, il ne pouvait ni s'enrôler dans la milice séculière, ni entrer dans l'état ecclésiastique. C'est ainsi que l'Église conservait la vie au coupable, sans lui assurer l'impunité et sans rendre son exemple contagieux. Une institution qui pénètre jusqu'au fond des consciences a seule un pareil pouvoir. Le pénitent était converti, changé et rétabli au rang des enfants de Dieu. Ne soyez donc pas étonnés que les princes aient donné leur sanction à la pénitence publique. Ils se débarrassaient par là des repris de justice, des hordes de forçats qui désolent aujourd'hui nos tribunaux et les obligent à rester en permanence. L'Église voyait dans la pénitence publique la conversion du pécheur, son expiation : le prince n'y voyait peut-être qu'un admirable règlement de police; mais des deux côtés l'institution était sauvegardée et maintenue, parce qu'elle était excellente. »

Une autre fois, parlant des peines temporelles édictées contre les hérétiques, dans les codes de Justinien et de Théodose : « Pourquoi, disait le professeur, les princes ont-ils attaché des pénalités à la violation de la foi? Est-ce la piété qui les y a portés? La piété y pouvait être pour quelque chose. Les empereurs étaient chrétiens. Mais il faut se faire une idée plus haute du mécanisme de l'état chrétien, et de l'alliance sociale contractée entre l'empire romain et la foi de Jésus-Christ. Les décisions des conciles n'étaient pas seulement des règles dogmatiques pour les consciences; l'État les adoptait comme siennes et les inscrivait en tête de ses lois. L'hérétique, en attaquant la foi catholique, se rendait coupable du crime de lèse société. L'Église et l'État le punissaient chacun dans sa sphère. L'unité religieuse assurait l'unité politique. Cette étroite alliance entre le sacerdoce et l'empire fut renouvelée et resserrée dans les capitulaires de Charlemagne, et a préparé les grandes choses du même âge, si peu comprises aujourd'hui. J'ai l'espoir de vous les faire connaître. En attendant, rappelez-vous, Messieurs, qu'en vertu de cette alliance féconde, le prince prêtait à l'Église tout le poids de son autorité, et l'Église implantait l'autorité du prince sur un fondement inaccessible aux révolutions politiques et sociales. Elle asseyait les trônes sur le roc immuable des consciences chrétiennes. Par là se trouvait sanctionné, non quelque règle de morale ou de discipline, mais tout le code évangélique, toute la doctrine de l'Église, sa foi, sa morale, sa discipline; en un mot, l'État était chrétien. Les châtiments infligés par l'Église étaient soutenus par l'autorité civile, qui venait à son tour y ajouter des peines temporelles. «Ceux qui ne se soumettront pas à la sentence de « l'évêque, dit un capitulaire de Charlemagne, seront « chassés de notre palais, privés de tous honneurs et envoyés « en exil, fussent-ils nos propres enfants : *etiamsi filii nostri* « *fuerint.* » Voilà la loi du moyen âge, loi qui nous donne la clef de toute son histoire (1). »

Ceux qui assistaient à ces débuts nous attestent l'impression profonde d'un enseignement aussi élevé sur la jeunesse qui se pressait autour du nouveau titulaire. En 1841, de pareilles idées semblaient neuves, à force d'avoir été oubliées. La parole de M. Jager était lente et grave: peu de gestes, un accent presque germanique, mais une science inépuisable et une puissance de synthèse qui dominait de haut l'abondance de détails curieux, de faits piquants, de récits franchement et sincèrement abordés. On vint bientôt des extrémités de l'Europe écouter le modeste prêtre. Il avait arraché des âmes à l'hérésie anglicane, il devait bientôt étendre ses conquêtes sur le schisme russe. Les travaux du professorat ne le détournaient point des études du cabinet. De 1841 à 1843, il donna successivement trois éditions de l'*Histoire du pape Grégoire VII et de son siècle,* traduite de l'allemand de J. Voigt, professeur à l'Université de Hall. Cet ouvrage, avec l'*Histoire d'Innocent III,* par Hurter, traduite en 1839 par

---

(1) *L'Université catholique,* tom. XII. Décembre 1841. 72e livraison. p. 446-449. Ce recueil mensuel a donné une analyse de toutes les leçons de M. Jager, à la Sorbonne, depuis la fondation des cours jusqu'en 1852.

MM. de Saint-Chéron et Haiber, fut, on le sait, le point de départ d'une réhabilitation complète des institutions, des doctrines et des mœurs du moyen âge. Ce qu'on est convenu chez nous d'appeler en littérature le grand siècle ou siècle de Louis XIV, mérite à coup sûr par bien des côtés cet hommage hors ligne. Malheureusement les lacunes du grand siècle furent peut-être plus importantes que ses conquêtes. Issu de la Renaissance, le dix-septième siècle se montra trop exclusivement fidèle à ses origines. Homère, transporté à Versailles, y eût retrouvé tous ses dieux, ses héros et ses nymphes : Clovis, Charlemagne et saint Louis y eussent été dépaysés, presque barbares. Cela est si vrai qu'en ce moment encore notre histoire, notre littérature, notre théâtre, n'ont rien de national. Après seize siècles d'existence propre, nous n'avons pas gardé une seule tradition. Tous les esprits sérieux se sont préoccupés de cette incroyable aberration qui nous entraîne à des abîmes. Un mouvement de réaction semble éclore de nos jours et nous ne saurions trop l'encourager. Mais il y aurait de l'ingratitude à oublier les initiateurs auxquels nous le devons. A côté de M. de Montalembert, qui faisait aimer le moyen âge ; de l'illustre Lacordaire, qui le ressuscitait vivant sous un froc de dominicain ; de M. Augustin Thierry, qui nous réapprenait l'alphabet de notre propre histoire, il faut signaler le courageux professeur de la Sorbonne, qui popularisait parmi nous les données scientifiques de l'Allemagne, et remettait en lumière une figure pontificale que l'Église a placée sur nos autels, et dont les parlements ont fait brûler la légende canonique en place de Grève par la main du bourreau.

Tant d'activité intellectuelle ne suffisait pas encore à M. l'abbé Jager. En 1841, il confiait aux presses de Firmin Didot sa grande édition monumentale de la *Bible Française*, enrichie de quarante gravures reproduisant les chefs-d'œuvres de Raphaël, de Rubens, et dont le luxe typographique, n'a jamais été dépassé (1). Dans la préface, il s'exprimait ainsi : « L'Écriture Sainte, disait Grégoire-le-Grand, est une lettre de Dieu écrite à l'homme. Or, ajoutait-il, un ambassadeur qui recevrait une lettre de son souverain n'aurait plus de repos, jusqu'à ce qu'il en eût bien compris le sens. » C'est avec ce zèle qu'il faut étudier l'Écriture ; la négliger, ce serait faire injure à Dieu. Mais, hélas ! ce livre par excellence, qui faisait autrefois les plus chères délices des chrétiens, n'est presque plus connu parmi les personnes du monde ; on l'a banni des familles pour y substituer des ouvrages légers, futiles, et, ce qui est bien plus triste, des ouvrages funestes, qui pervertissent l'esprit, égarent l'imagination par mille images profanes et jettent dans le cœur des semences de crime dont les fruits de mort empoisonnent les sociétés (2). Après tant d'erreurs qui ont désolé la France et qui ont attiré sur elle de si terribles calamités, les peuples ont senti, avec le besoin de la paix, la nécessité de la religion qui seule peut rendre les hommes véritablement heureux et donner de la stabilité aux empires. C'est pour favoriser le progrès de ces idées, que nous avons entrepris de publier les Livres saints, en les entourant de tout ce que l'art peut offrir d'attraits (3). » — « La Bible, disait-il encore, a sa partie populaire à la portée de tous. Là règne la plus grande simplicité ; là les comparaisons les plus familières, les images les plus gracieuses abondent. Elle a sa partie riche et brillante, où l'on trouve les tableaux les plus magnifiques.

---

(1) *Grande édition de luxe de la Sainte-Bible* (ancien et nouveau Testament). Traduction de Sacy, revue et corrigée sur les textes originaux, par M. l'abbé Jager, professeur à la Sorbonne, chanoine honoraire de Paris, de Nancy et de Toul., membre correspondant de l'Académie de Lyon. In-folio. Typogr. de Firmin Didot, 1841.

(2) Livraison 34ᵉ, introduct., p. 1.

(3) Ibid. Dédicace, p. 1.

Elle a sa partie élevée, qui veut être approfondie, qui demande dé l'étude et des recherches. Elle a même ses profondeurs et ses abîmes qu'il ne faut aborder qu'en tremblant; car là il s'agit de l'infini que l'homme ne peut atteindre. L'Écriture Sainte est donc le livre universel du savant et de l'ignorant; elle est pour tous une mine toujours inépuisable. Plus on l'étudie, plus on y trouve de richesses. Elle est, sous le rapport de la pensée, ce que sont les chefs-d'œuvres de Rome et d'Athènes sous le rapport du style. Saint Jérôme la compare à « un vaste champ où croissent les témoignages de la vérité comme des fleurs qui récréent et charment les âmes. «Que serait devenu le monde sans ce livre? Que serait-il devenu s'il avait été livré aux philosophes? L'Écriture est le soleil de vérité qui a illuminé l'univers. Interprétée par l'Église, commentée par les docteurs, entendue dans le sens de la tradition, elle resserrera les liens de la société, l'arrachera aux vices et la maintiendra dans la vertu. C'est pour atteindre ce but que nous avons entrepris la présente publication. La traduction de Sacy a servi de base à notre travail ; mais nous avons eu soin de corriger les imperfections et les erreurs qu'on lui reproche non sans fondement. Nous avons cherché à nous rapprocher davantage du texte de la Vulgate, à substituer aux paraphrases une traduction plus simple, plus claire, plus littérale, et à rendre leur sens naturel aux passages défigurés par les erreurs théologiques de Port-Royal. C'est donc avec confiance que nous offrons cette œuvre au public, en attendant que l'épiscopat français se prononce sur une version en langue vulgaire, comme cela a été fait en Allemagne. Avec la liberté de la presse, et dans le milieu intellectuel où nous vivons, il serait à désirer qu'il y eût une version de la Bible dans chaque langue nationale. Le clergé et les fidèles sauraient à quoi s'en tenir, et ne seraient plus exposés aux nombreuses erreurs qui se commettent chaque jour par des citations inexactes de la Bible. C'est le vœu qu'un savant écrivain formulait il y a plus d'un siècle (1). Puisse-t-il se réaliser au plus tôt (2) ! »

Peut-être ici M. l'abbé Jager cédait-il à un excès de zèle. En dehors de la Vulgate, le droit canonique n'admet pas l'authenticité des versions vulgaires de l'Écriture. Dans sa haute sagesse, le Saint-Siége n'approuve que les notes explicatives ou commentaires particuliers qui accompagnent une traduction de la Bible. Les langues vivantes se modifient si rapidement qu'une traduction de ce genre, si elle était autorisée, entre autres inconvénients graves, aurait celui d'avoir constamment besoin de retouches, sous peine d'être bientôt surannée. Quoiqu'il en soit, dans ce qu'il avait de pratique, le vœu de M. Jager fut en partie réalisé par son doyen et ami, le docte hébraïsant M. Glaire.

Cependant le texte grec des Septante, publié précédemment chez M. Firmin Didot, ne renfermait que l'Ancien Testament. L'illustre éditeur souhaitait vivement que l'œuvre fut achevée. De concert avec M. Jager, il confia la publication du Nouveau Testament aux soins éclairés et consciencieux de M. Tischendorf. Voici comment ce dernier rend compte de son travail. « J'étais venu à Paris pour consulter les précieux manuscrits du Nouveau Testament que possèdent les bibliothèques de cette ville. L'éminent typographe, si connu dans le monde de la science par ses grandes publications des monuments helléniques, M. Firmin Didot, me proposa d'entreprendre pour sa collection une édition grecque du Nouveau Testament. J'eus tout d'abord l'idée de prendre presque exclusivement pour base de ce travail la version dite Alexandrine que j'avais déjà publiée à Leipsig, chez Kœhler. Mais les doctes observations du vénérable abbé Jager me firent changer de plan. On connaît les services que ce savant il-

---

(1) Le P. Berthier, continuateur de l'*Histoire de l'Église gallicane*, Dissertation, T. xviii, p. 48.

(2) Grande Bible. Introd. p. ix.

lustre a déjà rendus et continue de rendre en France à la philologie et à la littérature sacrées. Il me démontra facilement l'importance qu'il y aurait à rechercher, dans tous les manuscrits grecs du Nouveau Testament, les textes qui autorisent chacune des leçons de la Vulgate latine. Cette donnée était vraiment capitale, et je l'admis d'autant plus volontiers qu'il me souvenait qu'en préparant jadis mon édition de la version Alexandrine, j'avais souvent eu l'occasion d'admirer la concordance parfaite des plus anciens manuscrits grecs avec la Vulgate. Cette concordance est telle qu'on a plus d'une fois émis l'opinion que les textes grecs avaient été remaniés jadis et corrigés sur la version latine. C'est là une erreur maintenant démontrée jusqu'à l'évidence, et le travail que je publie en ce moment en sera une nouvelle preuve (1). »

Notre société actuelle est tellement oublieuse qu'à peine si quelques rares érudits connaissent la valeur de ces titres de M. l'abbé Jager à la reconnaissance publique. M. Lehir les appréciait mieux ; il ne cessait, dans ses conférences à Saint-Sulpice, de recommander les travaux bibliques de ce savant, aussi érudit que modeste.

Cependant le cours de la Sorbonne continuait dans la voie féconde que le nouveau professeur avait brillamment inaugurée. En 1842, M. Jager étudia successivement les questions les plus importantes et les plus controversées de l'histoire ecclésiastique au neuvième siècle : le divorce de Lothaire, les rapports d'Hincmar avec l'autorité impériale, les Fausses Décrétales, l'élection des évêques, l'organisation hiérarchique de l'Occident, la divi-

---

(1) Novum Testamentum Græce et Latine in antiquis testibus textum versionis vulgatæ latinæ indagavit, lectiones que variantes Stephani et Griesbachii notavit V. S. venerabili Jager in consilium adhibito Constantinus Tischendorf. Parisiis, Firmin Didot, 1842. In-4°. *Prolegomena*, p. 1 et 2.

sion de l'Orient en patriarchats d'Alexandrie, d'Antioche, de Jérusalem et de Constantinople. Sa méthode était toujours la même. Il mettait toutes les ressources de la science historique au service de l'unité de gouvernement fondée par Jésus-Christ lui-même sur la primauté de Pierre.

Parmi les auditeurs assidus de l'abbé Jager se trouvaient alors quelques jeunes Russes, dont les noms ont aujourd'hui une notoriété catholique plus grande peut-être que celle de leur illustre naissance. L'un d'eux était le comte Schouwaloff. Élevé dans le schisme grec, nourri dans les préjugés de son orthodoxie nationale, il déposait, après chaque leçon, le résumé de ses objections sur la chaire du professeur. Celui-ci prit d'abord l'habitude de répondre brièvement, au début de chaque conférence, à la série de questions qui lui étaient posées. Mais insensiblement la polémique s'engagea dans les profondeurs de la théologie. L'abbé Jager, avec ce ton de simplicité modeste qui formait le fonds de son caractère, en prévint un jour ses interlocuteurs. « Je ne pourrais, dit-il, suivre sur ce terrain les anonymes qui me font l'honneur de me consulter, sans sortir de la spécialité d'un cours d'histoire. S'ils le permettent donc, je leur offre de venir continuer avec moi, dans l'intimité du cabinet, une discussion théologique à laquelle ils paraissent attacher tant de prix. » Le comte Schouwaloff accepta cette proposition, et, dès le soir, il frappait à la porte de la pauvre cellule où travaillait le professeur. Leurs relations se poursuivirent pendant près de dix-huit mois. Enfin la lumière se fit dans l'âme du jeune Russe. Le P. de Ravignan acheva cette grande œuvre. A l'époque de la Semaine-Sainte, 1842, le compagnon le plus assidu du comte Schouwaloff mourut catholique entre les bras du vénérable abbé Desgenettes. Un troisième, qui avait également assisté aux cours de l'abbé Jager, est aujourd'hui religieux de la Compagnie de Jésus. Ces détails, si honorables pour l'humble prêtre, nous ont été révélés par les confidences bien informées d'une tierce

personne. Car M. Jager garda le secret le plus absolu
sur cette affaire, et comme un de ses amis en avait eu connaissance, il lui fit jurer de n'en jamais rien dire.

Le savant professeur, peu soucieux de grandir son nom,
ne s'occupait point de publier lui-même ses conférences.
L'abbé Marcel, son compatriote et son admirateur, se chargea de rendre compte de ces intéressantes leçons. C'est à lui
que nous devons le résumé substantiel qui enrichit la collection de l'*Université catholique*, r et que tous les historiens
de l'Église auront maintenant le devoir de consulter, tout
en regrettant qu'un pareil trésor reste comme enfoui dans
les numéros épars d'une revue mensuelle.

Pour donner l'idée des richesses qui gisent inconnues
dans cet arsenal de théologie et d'histoire, il nous suffira
d'énumérer suivant leur ordre chronologique les plus
importantes matières traitées à fond par le professeur. En
1843, reprenant au point de vue de la législation les
institutions de l'Église primitive, il remonta aux origines du
droit canon, et étudia l'influence des Codes de Justinien et de
Théodose sur la société des cinquième, sixième et septième
siècles. Rentrant ensuite dans l'histoire proprement dite, il
rechercha les causes du schisme d'Orient, en étudia les
tendances successives à travers les âges et fut conduit à exa-
miner de plus près son épanouissement définitif dans la
personne du fameux patriarche Byzantin Photius. Voici en
quels termes il en parlait à son auditoire de plus en plus
compacte : « Je vous disais, Messieurs, en commentant les
célèbres et enthousiastes paroles d'un Père, que l'hérésie
n'est point à craindre, parce qu'elle apporte un nouvel et
péremptoire hommage à la vérité. Il n'en est pas de même
du schisme. L'hérésie purge le corps de l'Église, et par des
remèdes héroïques ravive ses plus nobles organes ; le schisme, au contraire, tarit les sources de la vie, parce qu'il
coupe les artères, les nerfs, et sépare les membres de la
tête et du cœur. Ces membres, violemment disjoints,

demeurent privés de mouvement et de chaleur; ils ne sont plus susceptibles que de certains ébranlements galvaniques ; ils languissent, ils se paralysent, ils se corrompent, ils meurent. Oh! je n'exagère pas : voyez les Grecs aujourd'hui : où sont chez eux l'ardeur de la foi, l'esprit de prosélytisme, le dévouement à la cause de l'humanité sous les mille formes qu'il sait revêtir, les ineffables inspirations de la piété? Ou sont ses docteurs, ses confesseurs, ses martyrs, ses fondateurs d'ordre, ses missionnaires' ses grands hommes enfin, de la vigueur et de la stature de ceux que chaque jour enfante l'intarissable fécondité de l'Église romaine? Et l'état social, politique, moral des peuples ; les progrès, les lumières, la science, la littérature, les arts, le bien être, la civilisation sous toutes ses faces, où en est-elle chez eux et chez nous ? Comparez et jugez. Voilà les fruits du schisme dont je commence l'histoire lamentable. Photius, qui le consomma, n'était pas un intrigant ordinaire, un ambitieux de bas étage ; c'était un homme envers lequel la nature avait été prodigue de tous ses dons. Doué d'un véritable génie, possédé d'une immense passion pour la gloire, tourmenté par l'aiguillon d'ambitions insatiables, membre d'une famille impériale, placé dans une situation brillante, il avait à la fois tous les stimulants et toutes les ressources avec lesquels on conçoit et on accomplit de grandes choses. Il y avait de tout dans cet homme là, et tout était chez lui porté à la dernière limite : vices, qualités et talents. Son intelligence était vaste et élevée ; son caractère à la fois souple comme l'ivoire attiédi, et inflexible comme le fer. Habile orateur, écrivain consommé, familier avec toutes les sciences, d'une activité brûlante, d'un flegme et d'un aplomb désespérant, capable de traiter les affaires les plus délicates et les plus épineuses, exercé aux plus hauts emplois, sachant à fond la cour, connaissant les hommes, se possédant lui-même, pénétrant, enchaînant et domptant les autres par tous les moyens de persuasion ou d'intimidation ;

d'une figure agréable, de manières douces et aisées, d'un maintien grave, d'une exquise politesse, réunissant enfin toutes les séductions extérieures qui attirent et captivent par un charme inexprimable. Ajoutez à tant d'avantages la libre disposition de toutes les ressources bonnes ou mauvaises, un cœur froid régi par un esprit calculateur, et la plus profonde hypocrisie qui se soit rencontrée jamais ; tel était Photius » (1).

Le cours de l'année 1844 fut en grande partie consacré à ce sujet d'un intérêt si puissant pour l'Église.

Les instances du comte Schouwaloff le déterminèrent à publier cette partie de ses conférences. Il y consentit, non sans peine, et c'est ainsi que nous possédons l'*Histoire de Photius* l'ouvrage le plus complet qui eût jusqu'alors paru sur cette matière (2).

En ce moment, le docteur Hergenrother publie sur Photius, un magnifique travail, sous ce titre : *Photius Patriarch, von Constantinopel*, Regensburg, 1867. 2 volumes ont déjà paru, le 3e est attendu prochainement.

Le cours des deux années 1845 et 1846 ne fut ni moins intéressant ni moins fécond. L'abbé Marcel, atteint vers cette époque de la maladie qui devait l'enlever à la science, ne put continuer l'œuvre des compte-rendus. Ce fut M. Léopold de Montvert qui lui succéda. L'étude du dixième et du onzième siècles remplit cette période couronnée par l'éclatante majesté de saint Grégoire VII. « Nous touchons, Messieurs, disait l'éloquent professeur, à une époque mémorable, au dénouement de la lutte des papes contre la simonie et les désordres des clercs. Il fallait un homme de bronze pour bra-

---

(1) *Université catholique*, novembre 1843, p, 340-348.

(2) *Histoire de Photius, d'après les documents originaux, la plupart inédits.* — Paris, Vaton. Ce livre a eu un grand nombre d'éditions successives, et a servi de point de départ aux travaux de polémique religieuse publiés de nos jours sur le schisme grec.

ver tous les périls de ce combat suprême. Cet homme arrive, conduit comme par la main de Dieu; il arrive à point nommé, au moment où l'Église a le plus besoin de lui. Je veux parler de Grégoire VII. Je ne connais pas dans l'histoire un pontife qui ait acquis plus de célébrité et qui ait suscité, après lui, des discussions plus longues et plus vives. Tous ses actes ont été soumis à une critique sévère, mais en général peu éclairée. Il en est résulté que le mérite éminent de ce pontife a été méconnu pendant plusieurs siècles, même par des auteurs ecclésiastiques. Notre illustre Bossuet l'appelle « un » homme d'un génie perçant, d'un grand courage, de mœurs » irréprochables, d'une réputation intègre, très-zélé pour la » liberté et la puissance de l'Église; » mais il lui reproche « d'avoir dépassé les bornes de son pouvoir, d'avoir inau- » guré et mis en pratique des principes nouveaux, inouïs » dans tous les siècles précédents. » Voltaire se gêne beau- coup moins; il déclare que « Grégoire VII était fou. »

«L'historien allemand Schrœckh, tout en admirant « le gé- » nie du pontife, ses qualités extraordinaires, sa rare pers- » picacité et sa profonde connaissance du cœur humain, lui » reproche en même temps de la dissimulation, de la perfi- » die, un orgueil indomptable, une ambition démesurée, » une audace sans frein, une opiniâtreté sans mesure. » Muzzarelli, au contraire, admire « sa patience, sa douceur » inaltérable, sa bonté prévenante et la sainteté de sa vie. » En ces derniers temps, Jean Muller lui rend hommage : « Ce pape, dit-il, eut le courage d'un héros, la prudence » d'un homme d'Etat, le zèle d'un prophète, la pureté de » mœurs d'un père du désert, l'élévation de vues et la cons- » tance d'un génie fait pour dominer le monde. » A notre tour, Messieurs, étudions la vie de ce grand pontife qui a fait époque dans l'histoire. Soumettons à un sérieux examen les actes de son administration qui ont été le plus amèrement critiqués, et cherchons à savoir par nous mêmes, au milieu de tant d'appréciations contradictoires, de quel côté se trouve la vérité. C'est ce que je vais faire devant vous avec toute l'impartialité que vous me connaissez ; je ne reculerai devant aucune difficulté, je n'en omettrai aucune, de toutes celles du moins qui sont à ma connaissance, et j'espère n'en pas laisser une seule sans une réponse péremptoire (1). »

En 1847 le professeur retraça avec une admirable netteté d'expression, le grand mouvement des croisades. Sa science profonde des langues orientales lui permit de se servir des sources trop longtemps négligées des historiens musulmans. Son récit ne perdit rien cependant du caractère à la fois simple et grandiose que la piété du douzième et du treizième siècles imprima à cet élan de l'Europe chrétienne. Il faut noter que les cours de l'abbé Jager n'étaient jamais interrompus par une seule lacune. Chaque année il donnait régulièrement ses vingt-quatre leçons. Les études préliminaires et la préparation spéciale que lui demandaient ses conférences ne semblaient pas le fatiguer. Ce fut ainsi qu'il put aborder, en cette même année, l'épisode des Albigeois et la question avant lui si indignement défigurée de l'inquisition.

En février 1848, il commençait l'étude du protestantisme. Mais une nouvelle révolution ébranlait Paris et la France. On ne savait si la République serait d'humeur à payer des professeurs de théologie. A toute éventualité, Mgr Affre se mit en mesure de pourvoir, par d'autres ressources, à la suppression possible de leur traitement. Les cours de la Sorbonne furent donc continués sans interruption, au milieu des agitations sanglantes et des tempêtes de cette terrible année. Le prélat martyr donnait lui-même, le 27 juin, sa vie et son âme pour son troupeau. L'abbé Jager perdait en lui un protecteur plein de tendresse. Mgr Affre avait apprécié tout le mérite de l'humble prêtre. Plus d'une fois il avait eu recours à son érudition patristique. Nous en avons retrouvé

---

(1) *Université catholique.* Juin 1845 (p. 412-413).

la preuve parmi les papiers du savant professeur, car il ne trahit jamais, par la moindre indiscrétion, la haute confiance dont il était honoré. Il avait cependant comme un pressenti- ment secret du changement que la mort du saint archevêque allait apporter à sa position personnelle. On eût dit qu'il se hâtait de compléter le cercle de son enseignement historique. Ce fut ainsi qu'il passa rapidement du luthéranisme à l'exa- men de la philosophie du dix-huitième siècle. Il voulait cou- ronner son œuvre professorale par l'histoire de la persécu- tion religieuse de la Révolution française. Tel fut, en effet, le sujet de ses conférences en 1849, 1850 et 1851. Il y avait autant de courage que d'opportunité à mettre sous les yeux d'une jeune république, les crimes et les fureurs de son aînée.

La parole de M. Jager ne fut peut-être jamais plus vi- brante et plus nerveuse. Nous en avons une preuve incon- testable, car il prit soin de publier lui-même, en trois volumes in-8°, les discours qu'il prononçait à cette époque. L'*Histoire de l'Église de France pendant la Révolution* (1) est, de l'aveu de tous, une œuvre aussi remarquable par l'éléva- tion de la pensée que par l'ampleur magistrale du récit. Et pourtant, on travaillait alors à briser une existence si labo- rieuse et si féconde. Nous n'entrerons ici dans aucun détail. Qu'il nous suffise de dire que le vaillant sexagénaire dut boire le calice jusqu'à la lie. On lui avait opposé d'abord une sorte d'exclusion préventive. Il ne pouvait, disait-on, conti- nuer son enseignement à la Sorbonne, parce qu'il n'avait pas le diplôme officiel de docteur en théologie. La réponse ne se fit point attendre. Le 17 novembre 1850, on lisait dans le *Courrier de Lyon* : « Jeudi dernier, une brillante thèse pour le doctorat en théologie a été soutenue, devant la Fa- culté de Lyon, par M. l'abbé Jager, professeur d'histoire à la

---

(1) Paris, Firmin Didot, 1852.

Sorbonne. Cet illustre ecclésiastique, auteur de plusieurs ouvrages d'un mérite éminent, a fait preuve dans cette lutte scientifique d'une érudition aussi vaste que profonde. On sait qu'en 1834 et 1835 une célèbre polémique s'engagea entre M. l'abbé Jager et plusieurs ministres anglicans de l'Université d'Oxford. C'est à la suite de cette controverse que M. Newman, l'un des professeurs les plus distingués d'Oxford, embrassa le catholicisme. »

Il paraît qu'à Lyon, du moins, on savait encore quelque chose d'une histoire contemporaine absolument oubliée à Paris. Malgré son diplôme de docteur en théologie, M. l'abbé Jager, par un arrêté du préfet de police, en date du 10 mars 1851, était agréé en qualité d'aumônier de la maison d'arrêt pour dettes de Clichy, avec un traitement annuel de 800 fr. (1).

En même temps, un congé de disponibilité lui était notifié en la forme ordinaire, sous prétexte qu'il était « hors d'état de reprendre ses fonctions » à la Sorbonne. Cette mesure se renouvela chaque année jusqu'en 1858. Cependant M. Jager refusa de donner sa démission. Voici ce qu'il répondait, à la date du 4 février 1851, aux instances qui lui en étaient faites. « Je compte treize années de service dans l'Université, et dix d'enseignement à la Sorbonne. L'Université, non-seulement ne conteste pas ces titres, mais elle annonce hautement le désir de les récompenser. Serait-il juste de me faire perdre mes droits acquis, et l'église repoussera-t-elle ses vieux défenseurs, parce qu'elle n'a plus le moyen de les récompenser elle-même? Je demande la faculté d'avoir un suppléant jusqu'à l'époque légale de ma retraite. Permettez-moi de mettre

---

(1) Voici la teneur de cette notification officielle : « Monsieur, je vous informe que, par arrêté de ce jour, M. le préfet de police par intérim vous a nommé aumônier à la Maison d'arrêt pour dettes, à compter du 16 de ce mois. Vous jouirez d'un traitement annuel de huit cents francs. Recevez, Monsieur, l'assurance de ma parfaite considération. »

ici un instant la modestie de côté pour vous dire ce que j'ai toujours laissé ignorer au public. » L'abbé Jager racontait alors en détail ses luttes contre l'anglicanisme. « Je n'étais, ajoute t-il, qu'un faible instrument entre les mains de la Providence. La grâce a fait le reste, et je crus devoir m'effacer. Plus de cinquante fois on a sollicité de moi une nouvelle édition des lettres qui parurent alors. On me demandait d'y ajouter un second volume sur la primauté de saint Pierre. J'avoue que cet ouvrage aurait pu être de quelque utilité en ces derniers temps. Mais l'abnégation et la prière valent mieux que des écrits pour la conversion des âmes. Le traité sur le *Célibat ecclésiastique* qui devait faire partie de la controverse fut imprimé à part. Cette publication paraît également avoir été bénie de Dieu. Elle a déterminé l'abjuration d'un Anglais qui flottait depuis longtemps dans l'incertitude entre l'hérésie et le schisme. L'*Histoire de Photius,* publiée pour la première fois *in extenso* avec des pièces nouvelles et jusqu'alors complétement inconnues, révèle toutes les profondeurs du schisme byzantin. Elle a été traduite en grec moderne et imprimée à Constantinople. MM. de Saint-Lazare pourront vous attester qu'elle sert maintenant de base aux controverses soutenues par les catholiques contre le saint-synode. Je m'étais décidé à la donner au public sur les instances de deux jeunes Russes, d'une naissance illustre. Ces étrangers suivaient assidument mon cours à la Sorbonne. L'Esprit-Saint a touché leur cœur, et j'ai eu l'indicible joie de les voir rentrer au sein de la véritable Église. Mgr Affre n'ignorait pas ces particularités; il daignait m'honorer de quelque confiance.»

« Je ne dirai qu'un mot de l'*Histoire de saint Grégoire VII*, traduite de l'allemand, du docteur Voigt. Elle mit fin chez nous, et de manière péremptoire, à toutes les déclamations qu'on se permettait depuis trois siècles contre un pape non moins illustre que méconnu. Elle arrêta la publication d'un ouvrage, en sens fort différent, qu'un académicien tenait

tout prêt, et qui restera, je l'espère, indéfiniment dans ses
cartons. Mais j'aime à vous parler de la Version grecque de
l'Ancien Testament d'après les Septante, et de celle du
Nouveau Testament qui la complète. Les travaux immenses
que cette publication m'a coûtés sont les plns doux souvenirs de ma vie. J'ai la satisfaction sans égale de voir enfin
élevée à sa plus haute puissance la double démonstration de
l'intégrité des Saintes Ecritures et de la fidélité de la Vulgate.
J'ai eu le bonheur de faire servir à l'Eglise l'étude de la
langue grecque à laquelle je me reprochais de m'être trop
livré dans les auteurs profanes. » En terminant, il disait :
« Vous voulez des hommes forts. Je ne sais trop ce que
vous entendez par là. Quand à moi, je confesse bien volontiers que mon mérite est médiocre. Personne n'a jamais eu
moins de prétention que moi. On ne pourra cependant m'ac-
cuser, sans injustice, d'avoir gaspillé le temps. Vingt-trois
volumes, fruit de mes veilles, me justifieraient au besoin.
On ne pourra pas contester non plus que je n'aie fait quelque honneur à mon cours, et qu'au prix de consciencieuses
recherches je ne l'aie maintenu à la hauteur des sujets qui
y furent traités. C'est le témoignage que j'emporterai avec
moi, et que me rendra toute la France.»

Cette lettre n'eût aucun succès. On disputait au vétéran du
sacerdoce et de la littérature sacrée le morceau de pain qui
devait nourrir sa vieillesse. Ce fut la main d'un ministre de
l'instruction publique qui le lui assura. Dès l'an 1851, M. de
Parieu avait eu la pensée de prendre cette noble initiative.
Sa bienveillance fut paralysée. L'abbé Jager était sans aucune espèce de fortune particulière. Le fils du cordonnier de
Grening n'avait eu d'autre patrimoine que sa foi ; il y avait
ajouté les trésors de la science, mais était demeuré pauvre
des biens de ce monde. Il cessa une lutte désormais inutile,
reprit son manteau d'humilité et d'étude, attendant l'heure
de la justice. Sa pension de retraite avait été liquidée à la
modique somme de 1,094 fr. Le 10 juin 1858, M. le ministre

de l'instruction publique et des cultes lui écrivait : « J'ai déjà eu l'honneur de vous exprimer mes regrets de ne pouvoir élever le chiffre de votre pension. Les règlements de finances sont formels. J'ai voulu toutefois vous donner une preuve de la haute estime qu'a conservée mon administration pour vos longs et honorables services, en vous allouant une indemnité extraordinaire, prélevée sur les fonds du service auquel vous avez appartenu. Une somme de 1,200 fr. vous sera réservée sur le montant des produits de l'enseignement supérieur. »

De toutes les infirmités de l'âge, le laborieux écrivain n'avait ressenti d'autre atteinte que celle de la surdité. Son esprit semblait rajeunir avec les années. Il augmentait chaque jour ses heures de travail, et disait à ses amis préoccupés de ce surcroît d'ardeur : « Un prêtre ne s'appartient pas. Je me dois corps et âme à l'Église ; il me faut travailler pour elle jusqu'à la mort. » Son dessein était de reprendre en sous œuvre les notes accumulées pendant les dix années de son cours à la Sorbonne, afin de reconstruire une histoire de l'Église de France. « Des erreurs graves et dangereuses, disait-il souvent, se sont acclimatées parmi nous. Il est temps d'en faire justice. » Au moment où il s'occupait de mettre en ordre les immenses matériaux dont ses cartons regorgeaient, un écrivain qui ne tint malheureusement pas les espérances que ses débuts avaient fait concevoir, publia les deux premiers volumes d'un ouvrage intitulé : « *Histoire de l'Église de France, composée sur les documents originaux et authentiques.* » Le vieil athlète se montra franchement heureux du succès de ce jeune concurrent. « Quelle joie pour ma vieillesse, disait-il, de voir exécuter par des mains plus vaillantes, une œuvre qui a fait le rêve de toute ma vie ! » Bientôt une amère déception succéda à ces premiers transports. Œuvre et écrivain tournèrent à l'apostasie. Sans songer à ses soixante-dix ans, l'abbé Jager reparut sur la brèche. Prenant pour base le texte de l'ancienne et gallicane histoire des PP. Longueval et Berthier, il en transforma complètement l'esprit, le compléta par les principales découvertes de la science moderne, en retrancha tout ce qui était systématiquement hostile à la primauté de Rome, et envoya ce travail, accompli avec une incroyable vigueur, à l'approbation du Saint-Siége. En même temps, il écrivait à monseigneur Morlot les lignes suivantes : « Votre Éminence n'ignore pas le scandale qui vient de se produire à l'occasion de la nouvelle *Histoire de l'Eglise de France*. J'avais songé toute ma vie à donner au public un travail catholique sur ce sujet, et mon cours à la Sorbonne avait été dirigé vers ce but. J'avais d'abord applaudi, comme tant d'autres, aux premiers volumes de la *Nouvelle Histoire*, et je renonçai complétement à mon travail. Hélas ! l'auteur ne devait pas tarder à nous détromper tous. Il ne se contente plus de nier la suprématie des papes, il va jusqu'à contester à l'Église elle-même son autorité dogmatique. Ma main sénile est aujourd'hui impuissante à refaire l'œuvre tout entière. Je me suis borné à refondre le travail gallican des PP. Longueval et Berthier. J'envoie le tout à l'examen du Saint-Siége. Votre Éminence est une des colonnes de l'Église ; elle daignera s'intéresser à mes efforts et m'appuyer de son crédit près des congrégations romaines. »

Les vœux de M. l'abbé Jager furent dépassés. Le révérendissime P. Jandel, maître général des frères prêcheurs, intervint lui-même auprès de la sacrée Congrégation de l'index. Une commission composée de Mgr Tizzani, archevêque de Nisibe, et de Mgr Delicati, fut chargée de l'examen du travail, et révisa tous les volumes du manuscrit ; elle exprima constamment toute la satisfaction de la parfaite soumission et de la science profonde du vénérable auteur. Après la publication des quatre premiers volumes de l'*Histoire de l'Église catholique en France*, Pie IX faisait remettre à l'auteur le bref qui le nommait camerier secret de Sa Sainteté. Des larmes de joie versées par l'humble vieillard roulèrent sur cette charte pontificale. C'était la récompense d'une vie dépensée obstinément au service de l'Église, et qui avait été naguère abreuvée de tant